LA VIDA ES UNA MINA DE ORO

PUEDES CAVARLA?
EDICIÓN DEL VIGÉSIMO ANIVERSARIO

JOHN W. STANKO

urbanpress

La Vida es una Mina de Oro
Edición del Vigésimo Aniversario
por John W. Stanko
Derechos de Autor ©2021 John W. Stanko

Reservados todos los derechos. Este libro está protegido por las leyes de derechos de autor de los Estados Unidos de América. Este libro no puede copiarse ni reimprimirse con fines comerciales o lucrativos.

Santa Biblia, NUEVA VERSIÓN INTERNACIONAL® NVI® © 1999, 2015 por Biblica, Inc.®, Inc.® Usado con permiso de Biblica, Inc.® Reservados todos los derechos en todo el mundo.

La Santa Biblia, Nueva Traducción Viviente, © Tyndale House Foundation, 2010. Todos los derechos reservados.

Versión Reina-Valera 1960 © Sociedades Bíblicas en América Latina, 1960. Renovado © Sociedades Bíblicas Unidas, 1988.

Las escrituras marcadas como "RVR1995" están tomadas de la versión Reina-Valera 1995 Reina-Valera 95® © Sociedades Bíblicas Unidas, 1995. Usada con permiso.

ISBN 978-1-63360-161-1
Para Distribución Mundial

Impreso en EE. UU.

Urban Press
P.O. Box 8881
Pittsburgh, PA 15221-0881 USA
412.646.2780

Introducción   v

Principio de la Mina de Oro #1: Propósito
Capítulo 1: Una Descripción General   3
Capítulo 2: Sirviendo Mesas (Alejándome de mi propósito)   6
Capítulo 3: La Presencia de Dios Revela Su Propósito   13
Capítulo 4: Encontrar el Camino Que Conduce a Tu Propósito   21
Capítulo 5: Barreras en el Camino Hacia el Propósito   35
Capítulo 6: Pasos Para Ayudar a Definir Tu Propósito   47

Principio de la Mina de Oro #2: Creatividad
Capítulo 7: Eres Creativo… ¡Y Yo También!   52
Capítulo 8: El Zoológico de Adán   57
Capítulo 9: Creatividad del Antiguo Testamento   63
Capítulo 10: Creatividad del Nuevo Testamento   72
Capítulo 11: Tu Respuesta a la Creatividad   81

Principio de la Mina de Oro #3: Establecimiento de Objetivos
Capítulo 12: Excelencia Definida   94
Capítulo 13: Un Objetivo en Cada Árbol   104
Capítulo 14: La Anatomía de una Meta   111
Capítulo 15: Tus Objetivos Tienen Enemigos   118
Capítulo 16: Establezcamos Algunos Objetivos   133

Principio de la Mina de Oro #4: Manejo del Tiempo
Capítulo 17: Lo que un Libro Atemporal Dice Sobre el Tiempo   141
Capítulo 18: Cómo ser un Hombre o Mujer Sabios   152
Capítulo 19: La Práctica   163
Capítulo 20: Tus Valores   171
Capítulo 21: Mis Valores   175

Principio de la Mina de Oro #5: Fe
Capítulo 22: "Regresaremos" Fe   183
Capítulo 23: Oídos que Escuchan, Ojos que Ven   188
Capítulo 24: ¿Cómo Puedo Saber con Certeza?   197
Capítulo 25: Camina En Lo Que Ves   206
Capítulo 26: "¡Acción!"   214

Notas   220

INTRODUCCIÓN

*Cuanto mejor es adquirir sabiduría que oro,
y el buen juicio que la plata!* - Proverbios 16:16 NTV

Es increíble pensar que escribí este libro por primera vez hace más de 20 años. Todavía puedo recordar lo emocionante que fue publicar mi primer libro. Fue en 1995 durante "Christian Booksellers", la convención anual para que librerías y editores de todo el mundo se reúnan para mostrar lo nuevo y vender sus productos. Allí estaba yo, en la cima del mundo, convencido de que se convertiría un éxito en ventas. Con los años, hago el balance y le ha ido modestamente bien, pero nunca alcanzó las alturas de éxito que esperaba e imaginaba. Desde entonces me enteré de que todos los autores primerizos creen que pagarán su casa y comprarán un auto nuevo con las ganancias del libro. Pocos lo hacen, y no estoy entre los pocos.

De hecho, mientras escribo, tengo otros 50 libros junto con varias revisiones. Esta es la cuarta versión de *La Vida es una Mina de Oro (Life is a Gold Mine)*, y esta vez, he realizado algunos cambios importantes que explicaré más adelante. Mientras mi material se ha expandido y con gran esperanza espero que, madurado, tambien, todavía se me pide que enseñe y entrene a la gente sobre los temas de este libro. Estoy más convencido que nunca de que estos conceptos son parte de la base para una vida exitosa y significativa, y planeo enseñarlos mientras tenga fuerzas para hacerlo. Quién sabe si tal vez haya otra revisión en camino antes de ir a mi lugar de descanso eterno.

La Vida es una Mina de Oro (Life Is a Gold Mine) nació en una época de gran frustración personal. En 1985 era administrador y coordinador de ministerio para una gran iglesia local, y no estaba contento. Había mucho que hacer en la iglesia y desde mi punto de vista, no había suficientes personas involucradas. Cuando terminábamos un proyecto, alguien siempre se me acercaba y me decía algo como "lamento no haber estado involucrado, sentí que el Señor me impulsaba a hacer algo y que ofreciera mi ayuda... me gustaba lo que estabas haciendo, pero me dio temor porque no conocía a nadie y por eso no me ofrecí como voluntario".

Sin lugar a dudas, la persona tenía las habilidades, los dones y el entrenamiento que necesitábamos. Pero incluso después de repetidos anuncios durante los servicios de la iglesia y consultas a pastores y líderes, la gente seguía sin participar.

Hubo otros que me expresaron su deseo de querer estar en el "ministerio de tiempo completo". A menudo, miembros de la iglesia que tenían trabajos seculares significativos y bien remunerados, se sentían mal por no estar en ningún tipo de "ministerio". Algunos realmente dejaron esos trabajos, sin embargo, hoy todavía están vagando, tratando de encontrar la mejor manera de "servir al Señor".

Richard Nelson Bolles describió este dilema en su libro, *¿De Qué Color es Tu Paracaídas? (What Color Is Your Parachute?)*:

> Queremos un poco de orientación y ayuda en esta área, porque siempre buscamos casar nuestras creencias religiosas con nuestro trabajo, nos incomoda tenerlas compartimentadas o categorizadas, como si fueran dos áreas de nuestra vida que nunca se relacionan entre sí. Nosotros queremos que se relacionen y se enriquezcan entre sí.

Comencé a preguntarle al Señor: "¿Cómo puedo ayudar a las personas a descategorizar sus vidas? ¿Cómo puedo encontrar voluntarios? Mejor aún, ¿cómo puedo ayudar a las personas a descubrir para qué nacieron y ayudarlas a cumplir su propósito?, ¿Cómo puedo ayudarlos a ver que el ministerio de "tiempo completo" no es la única forma de servir al Señor?, ¿Cómo puedo convencerlos de que si están haciendo lo que Les has llamado a hacer, y están usando sus dones en el proceso, Te están sirviendo?"

Durante este tiempo, nuestra iglesia tuvo una despedida para un miembro del equipo pastoral. Mientras orábamos por este hombre y su familia, llegó una palabra profética que cambió mi vida. Era una respuesta a las preguntas que le había estado haciendo y contenía las razones por las cuales tan pocas personas estaban involucradas y otras tantas que aunque se involucraban, no cumplían. También contenía el remedio para el problema que yo estaba enfrentando. Aquí comparto parte de ese mensaje profético:

> "...En muchos países donde hay pobreza, no es porque no haya recursos. En muchas naciones donde la gente pasa hambre, no es porque el suelo sea pobre. Cuando carecen de desarrollo industrial, no es porque no haya minerales en el suelo. Es porque las personas no han descubierto y ni han aprendido a usar lo que tienen. Y debido a que los minerales se encuentran bajo tierra, y en el suelo - rico como es — permanece inactivo, la pobreza abunda en la tierra. Pero cuando llega alguien que sabe exactamente qué buscar y dónde encontrarlo y cómo usarlo, hay trabajos, productividad y riqueza. Y algunos se sientan en su pobreza y dicen que es injusta su pobreza mientras que otros son ricos... pero no es injusticia. Es ignorancia. Es desconocimiento de lo que hay debajo de sus pies y qué hay a su alrededor y cómo se puede usar.
>
> Así es en la iglesia del Señor Jesucristo. En algunas partes hay una gran riqueza; hay un gran crecimiento; hay un gran poder. En otras partes hay una gran sequía. Hay hambre espiritual, y las personas perecen por falta de la Palabra de Dios; perecen por falta del Espíritu de Dios; perecen por falta de edificación. Ellos perecen y se desvanecen en sus espíritus. No es porque los recursos no estén allí, porque dentro de ellos, dentro de esas mismas

personas, dentro de esas mismas congregaciones, se encuentran grandes riquezas, grandes promesas y grandes recursos. La necesidad es descubrir qué hay allí, usarlo, apropiarse de él y sacarlo para que pueda ser productivo..."

Cuando escuché esto, salté de mi silla! Primero, esto me decía que los recursos estaban ahí. Las personas adecuadas para cada trabajo estaban ahí. El Espíritu Santo había dotado y llamado a cada uno. No faltaban personas, pero faltaba conocimiento sobre cómo encontrarlas y motivarlas para que fueran productivas.

La segunda cosa que entendí, fue que alguien necesitaba ayudar a descubrir y canalizar los recursos humanos en cada iglesia. Si alguien pudiera convocar a la gente con el depósito del Espíritu Santo en ellos, entonces el cuerpo de Cristo se volvería más fuerte y más efectivo.

Y finalmente, me hizo entender que cada persona tenía un propósito y unos dones que provenían del Espíritu Santo. Ya de El, del Espíritu Santo dependería dónde y cómo se cumplirían y utilizarían estos recursos y que además no todos encontrarían su expresión en la Iglesia.

A partir de ese día, me propuse desarrollar un seminario y escribir un libro para ayudar a las personas a ser más productivas y cumplir el propósito de sus vidas. Quería que las personas supieran que nacieron para hacer lo que estaban haciendo. Si su propósito era la mecánica automotriz, necesitaban la seguridad de que estaban sirviendo y adorando a Dios con cada puesta a punto del motor.

A partir de ahí, quería encaminar a las personas hacia el refinamiento y liberación de sus propios recursos. Estaba en mi corazón ayudar a cada hombre y mujer a salir de la gradería y entrar al juego. Quería desafiarlos a buscar las verdaderas riquezas en su vida. Y entonces, *"La vida es una mina de oro: ¿te atreves a excavarla?"* *Life Is a Gold Mine: Can You Dig It?* nació.

Elegí el oro y la excavación como símbolos de lo que buscaba, por varias razones. El libro de Proverbios dice, "Mis dones son mejores que el oro, aún el oro más puro; mi paga es mejor que la plata refinada". (Proverbios 8:19 NTV). De hecho, la Biblia está llena de comparaciones de cosas espirituales con oro. Por ejemplo:

- "Tus enseñanzas son más valiosas para mí que millones en oro y plata" (Salmos 119:72 NTV).
- "La reverencia al Señor es pura, permanece para siempre. Las leyes del Señor son verdaderas, cada uno de ellas es imparcial. Son más deseables que el oro, incluso que el oro más puro..." (Salmos 19:9-10 NTV).
- "Estas pruebas demostrarán que su fe es auténtica. Está siendo probada de la misma manera que el fuego prueba y purifica el oro, aunque la fe de ustedes es mucho más preciosa que el mismo oro...". (1 Pedro 1:7 NTV).

El oro es de hecho uno de los metales más preciosos conocidos por el hombre. Sin embargo, la Palabra de Dios, tu fe, la sabiduría y el entendimiento que provienen de conocer tu propósito son más valiosas que el oro. Mientras investigaba el oro como mineral, descubrí varias características que lo convirtieron en el foco correcto de lo que quería enseñar.

En primer lugar, el oro se encuentra junto con muchos otros minerales, e incluso se encuentran rastros de él en el agua de mar. Así es la misión de Dios para nuestras vidas. A menudo se expresa cuando llevamos a cabo algunos de los aspectos más comunes de la vida. Podemos mirarnos a nosotros mismos y lo que estamos haciendo y no ver las riquezas que están enterradas allí. Sin embargo, un poco de excavación revela lo que hay allí y comienza el proceso de extracción.

En segundo lugar, una vez que el oro es minado, se recupera fácilmente en el proceso de refinación. Es lo mismo con nuestros recursos espirituales: un poco de "refinamiento" y podremos brillar como una pepita de oro puro.

En tercer lugar, algo que ya sabía: el oro es atractivo en color y brillo. Cuando funcionamos en nuestro propósito dado por Dios, con poder y creatividad, también somos atractivos y emocionantes.

Finalmente, el oro es duradero y maleable. Puede soportar todo tipo de tratamiento y adoptar muchas formas. El propósito es así. Incluso después de los tratos de Dios y los hombres, todavía puede funcionar en muchos tipos diferentes de situaciones de vida y ministerio.

A medida que he enseñado este seminario en todo el país (EE.UU), he descubierto que la mayoría de las personas tienen hambre, incluso desespero por saber cuál es su propósito y cómo pueden cumplirlo. Nadie quiere llevar una vida desperdiciada. Quieres ser como Pablo quien, al final de su vida, dijo: "He peleado la buena batalla, he terminado la carrera, he guardado la fe". (2 Timoteo 4:7). Para decir eso, debes saber de qué se trata la carrera par saber cuándo has terminado. Debes saber cuál es el curso si Jesús te va a decir alguna vez, "Bien hecho mi buen siervo fiel..." (Mateo 25:21 NTV).

La minería y el refinado, sin embargo, son un trabajo duro. Con todo lo anterior siendo cierto, si no estás dispuesto a desenterrar tu oro, solo tendrás el potencial de obtener riquezas. El oro está allí, pero puedes morir con él aún enterrado en los recovecos de tu vida. Sabiendo que el oro está allí, la pregunta es: "¿Puedes desenterrarlo?" Espero que este libro te ayude a hacer exactamente eso. A medida que "cavamos", he incluido algunas "pepitas de oro" del libro de Proverbios para su consideración.

En mis dos primeras ediciones, pasé mucho tiempo haciendo referencia al libro clásico de Stephen Covey, *Los 7 Habitos de la Gente Altamente Efectiva* (*The 7 Habits of Highly Effective People*). Hice esto por varias razones. Una fue que el libro de Covey era muy popular cuando escribí por primera vez en 1995. Además, la visión del mundo de Covey difería de la mía, por lo que quería hacer algunos puntos que sentí que Covey había perdido o mal interpretado. Mirando hacia atrás, esperaba "sacar provecho" de su popularidad. Quería leer una reseña de un libro que dijera algo como esto: "John Stanko, en su nuevo libro, se basa en lo que Stephen Covey tenía que decir y comparte con nosotros ideas importantes que el libro de *7 Hábitos* no incluyó".

Bueno, Covey vendió millones de copias de sus libros, y yo vendí miles. ¡No me fue muy bien tratando aprovechar el éxito de otra persona! Sin embargo, había otra razón importante por la que elegí incluir a Covey, y fue que en 1995 no estaba tan seguro de tener algo que decir que la gente realmente quisiera escuchar o leer. Pensé que si incluía a Covey, mejoraría mi propia credibilidad.

De hecho, tuve que enfrentar el hecho de que varios de mis primeros libros no eran realmente libros, eran informes de libros sobre los libros de otras personas. Desde entonces me di cuenta de que todo esto estaba enraizado en el miedo: miedo a no tener nada que decir, miedo a que lo que tenía que decir a los demás no fuera adecuado y que necesitaba usar los nombres de otras personas porque mi nombre no era suficiente.

Incluso mi uso temprano de las redes sociales en 2005 reveló este miedo. A menudo incluía citas diarias de otros autores y líderes famosos con mis "amigos" en Facebook y Twitter. De vez en cuando, incluía algo de mi propio trabajo, pero no con frecuencia. Cuando lo hacía, la gente respondía positivamente, algunos escribían para decir que esperaban mis "stankoismos" más que las citas de otros.

Finalmente, comencé a "minar" mis propios escritos y creatividad para enviar devocionales, citas y refranes diarios (todo dentro del límite de 140 caracteres de Twitter). Dejé de citar a otros tan a menudo en mis libros y comencé a tener confianza en que mi propia comprensión de mis propias palabras tenía mérito. Los comentarios de lectores y oyentes me dejaron entender que mi suposición era correcta. Escribí todo eso para decir lo siguiente: el Sr. Covey no será tan destacado en esta edición del vigésimo aniversario, pero seguirá siendo incluido de vez en cuando.

Además, he realizado algunos ajustes importantes en el contenido y el enfoque del material del libro que creo que lo hará más legible y útil. Aquí hay un resumen de los tres cambios principales que puedes esperar:

1. Ahora llamo a los principios discutidos en este libro los Principios de la mina de oro. Nunca usé ese término en las dos primeras ediciones.
2. Los Principios enseñados en los primeros dos libros fueron: propósito, establecimiento de metas, manejo del tiempo, organización y fe. En esta versión actualizada, he combinado dos de los Principios originales y he agregado un nuevo Principio. Ahora los cinco principios incluyen: 1) propósito; 2) creatividad; 3) establecimiento de objetivos; 4) manejo del tiempo; y 5) fe.
3. Hay muchos ejemplos nuevos y perspectivas de enseñanza que hacen que los Principios sean más fáciles de entender y aplicar.

Desde que lancé la primera edición de "*La Vida es una Mina de Oro*" (*Life is a Gold Mine*) en 1995, he hablado en 42 países, he escrito varias docenas de libros, comencé mi compañía llamada "Purpose Quest" (La Búsqueda de Propósito), lanzaron mi sitio web "www.mypurposequest.com", establecí "Kenya Purpose Quest" (La Búsqueda de Propósito en Kenia), me mude a mi ciudad natal de Pittsburgh y he estado en contacto y entrenando a miles de personas en todo el mundo. Mi conclusión después de todo, es que los Principios de la Mina de Oro nunca han sido más importantes si estás interesado en vivir una vida significativa y productiva. Veinte años después de que los introduje en este libro y en mis seminarios, todavía estoy estudiando y aprendiendo cómo aplicarlos en mi vida y equipar a otros para hacer lo mismo.

Quiero que experimentes el gozo que he conocido por haber funcionado en el propósito de mi vida. Quiero que prediques, enseñes, pilotees un avión, cosas un vestido, repares frenos o sirvas a tu jefe sabiendo que estás dando en el blanco y funcionando en lo que naciste para hacer. ¿No sería maravilloso saber que lo que haces cinco, seis o siete días a la semana es tanto adorar como estar de pie en el banco y cantar? Aquellos que funcionan en su propósito cumplen la exhortación de Pablo en Romanos 12:1: "Por lo tanto, amados hermanos, les ruego que entreguen su cuerpo a Dios por todo lo que Él ha hecho a favor de ustedes. Que sea un sacrificio vivo y santo, la clase de sacrificio que a Él le agrada. Esa es la verdadera forma de adorarlo".

Bolles escribió en ¿De Qué Color es Tu Paracaídas? (*What Color is Your Parachute*)?

"Todo observador entusiasta de la naturaleza humana sabrá a qué me refiero cuando digo que aquellos que han encontrado un sentido de Misión tienen un gozo muy especial "el cual nadie puede quitarles". Es maravilloso sentir que más allá de comer, dormir, trabajar, tener placer que puede ser representado en casarse, tener hijos y envejecer, usted fue establecido en esta Tierra con algún propósito especial, y que puede tener una idea de cuál es ese propósito".

Bolles luego presenta "un escenario para el romántico" de cómo es que llegamos a conocer o redescubrir nuestro propósito:

"Podemos imaginar que antes de venir a la Tierra, nuestras almas, nuestro Aliento, nuestra Luz, se presentaron ante el gran Creador y se ofrecieron como voluntarios para esta Misión. Y Dios y nosotros, juntos, elegimos cuál sería esa Misión y qué dones particulares serían necesarios, y luego accedió a dárnoslos, después de nuestro nacimiento. Por lo tanto, nuestra Misión no fue una orden dada perentoriamente por un Creador sin amor a un esclavo reacio sin voto, sino que fue una tarea diseñada conjuntamente por ambos, en la que tan rápido como el gran Creador dijo "Yo deseo que", nuestros corazones respondieran, "Oh, sí". Como se mencionó en un comentario anterior, puede ser útil pensar en la condición de convertirnos en humanos, como si nos volviéramos amnésicos sobre cualquier conciencia que nuestra alma tuviera antes del nacimiento, y por lo tanto, amnésicos sobre la naturaleza o la manera en que se diseñó nuestra Misión. La búsqueda de nuestra Misión ahora es, por lo tanto, una búsqueda para recuperar la memoria de algo en lo que nosotros mismos participamos en el diseño. Sin duda soy un romántico empedernido, así que, por supuesto, me gusta esta imagen".

Te he dado algunos pasos que debes seguir al final de cada sección para aplicar lo que has aprendido mientras intentas recuperarte de tu amnesia, pero los he mantenido básicos. Mi propósito al escribir, es verte cumplir con la misión de tu vida mientras llevas a cabo tus responsabilidades diarias como estudiante, esposa, padre, empleado, supervisor o ministro. Como líder de la iglesia, quiero equiparte para que puedas trabajar de manera efectiva. Como administrador, quiero ayudarte a hacer las cosas de manera eficiente. Es por ese motivo que escribo, y es en ese espíritu que espero que recibas este trabajo. Tu vida es, de hecho, una mina de oro. Ahora sigamos con la excavación.

PRINCIPIO
DE LA MINA
DE ORO
#1

PROPÓSITO

Debes Saber en Dónde Reclamar Tu Terreno

*"El que labra su tierra se saciará de pan;
Mas el que sigue a los ociosos se llenará de pobreza"*
Proverbios 28:19

Capítulo 1
Una Descripción General

Comencemos mirando Hechos 6: 1-7:

"Al multiplicarse los creyentes rápidamente, hubo muestras de descontento. Los creyentes que hablaban griego se quejaban de los que hablaban hebreo diciendo que sus viudas eran discriminadas en la distribución diaria de los alimentos. De manera que los Doce convocaron a todos los creyentes a una reunión. Dijeron: «Nosotros, los apóstoles, deberíamos ocupar nuestro tiempo en enseñar la palabra de Dios, y no en dirigir la distribución de alimento. Por lo tanto, hermanos, escojan a siete hombres que sean muy respetados, que estén llenos del Espíritu y de sabiduría. A ellos les daremos esa responsabilidad. Entonces nosotros, los apóstoles, podremos dedicar nuestro tiempo a la oración y a enseñar la palabra». A todos les gustó la idea y eligieron a Esteban (un hombre lleno de fe y del Espíritu Santo), a Felipe, a Prócoro, a Nicanor, a Timón, a Parmenas y a Nicolás de Antioquía (quien anteriormente se había convertido a la fe judía). Estos siete hombres fueron presentados ante los apóstoles, quienes oraron por ellos y les impusieron las manos. Así que el mensaje de Dios siguió extendiéndose. El número de creyentes aumentó en gran manera en Jerusalén, y muchos de los sacerdotes judíos también se convirtieron".

La Biblia nunca esconde las debilidades humanas de

aquellos que sirvieron al Señor. En Hechos 6, encontramos la narración de un problema grave en la iglesia. Los creyentes hebreos y griegos se estaban quejando unos de otros. Había un descuido en la atención que era cuando menos un asunto cultural y en el peor de los casos, un asunto étnico. También había ineficiencia. La gente estaba molesta, hablando y quejándose del problema. Suena como la vida en muchas iglesias y organizaciones hoy.

Es importante estudiar y comprender cómo los apóstoles manejaron este problema. Cinco principios en estos versículos, formarán la base de este libro y he llegado a identificarlos como "Los Cinco Principios de la Mina de Oro". El primer Principio es **El Propósito**, al que me referí como "Efectividad" cuando comencé a enseñar sobre los "Principios de la Mina de Oro". La efectividad es conocer tu propósito y funcionar en él. *Vine Diccionario Expositivo De Palabras Del Antiguo Y Del Nuevo Testamento Exhaustivo*, define la efectividad como estar "lleno de poder para lograr resultados". Los apóstoles estaban bien conscientes de lo que Dios quería que hicieran. Tú también tienes un propósito en la vida y puede identificarse. Dios quiere que conozcas tu propósito. Tu éxito depende de qué tan cerca te mantengas de las actividades que expresan tu propósito.

El segundo Principio está implícito en el pasaje de Hechos 6, y ese es el Principio de **La Creatividad**. Los apóstoles enfrentaron un problema que nadie había enfrentado antes. Tenían que encontrar una solución que fuera fiel a sus valores de ayudar a las viudas sin dejar de ser fieles a su propósito. Por lo tanto, crearon un puesto que hoy se conoce como diácono y a los hombres en este cargo, se les asignó la responsabilidad de cuidar a las viudas.

El versículo cuatro contiene el tercer principio, **El Establecimiento de Objetivos**. Los apóstoles se propusieron un alto objetivo de dedicarse a la oración y a la Palabra sin distracción. Probablemente tenían metas de cuánto tiempo orar, qué estudiar y cómo llevarían el Evangelio a las naciones. También es importante para ti establecer metas altas para tu trabajo, familia, ministerio y vida personal; aprenderás cómo hacer esto en la Sección Tres.

Esto lleva a un cuarto principio, **El Manejo del Tiempo**. Los apóstoles obtuvieron una gran cosecha de personas porque eran eficientes en el uso del tiempo. Conocían sus prioridades en la vida y dedicaron tiempo a llevarlas a cabo diariamente. En las versiones anteriores de este libro, "La Organización" era el cuarto Principio, pero lo cubriremos en la sección "A Tiempo", ya que si estás organizado en lo que respecta a tu tiempo, tenderás a organizarte en otras áreas, como los archivos de tu computadora, escritorio o área de trabajo, y asuntos financieros.

El quinto y último principio es **La Fe**. Los apóstoles tenían fe en Dios y en la gente. Confiaron en que la gente elegiría a los hombres correctos y confiaron en que el Señor ayudaría a estos hombres a llevar a cabo este importante trabajo. Cuando los apóstoles aplicaron los "Principios de la Mina de Oro", la Iglesia funcionó correctamente. Aquellos que ministraron a las viudas lo hicieron en el poder del Espíritu Santo. Los que se entregaron a la Palabra y la oración lo hicieron con excelencia. El número de discípulos aumentó enormemente, y todo el proceso fluyó sin problemas. Mientras caminaban en fe, los apóstoles crearon una organización que fue notable por su efectividad, excelencia y eficiencia.

En esta primera Sección, veamos más de cerca el primer Principio, que es encontrar y cumplir el propósito de tu vida.

Capítulo 2

Sirviendo Mesas (Alejándome de mi propósito)

Como vimos en el capítulo anterior, los apóstoles en Hechos 6 tenían un problema que resolver. Había buenas, malas noticias en la Iglesia y el terreno que Dios les había dado para trabajar. "El que se esfuerza en su trabajo tiene comida en abundancia, pero el que persigue fantasías termina en la pobreza". (Proverbios 28:19 NTV).

La buena noticia era que el número de discípulos estaba aumentando. La palabra del Señor se estaba extendiendo rápidamente y muchos tomaban la decisión de seguir a Jesús. Estas conversiones generaron mucha actividad y necesidades ministeriales. Los apóstoles, cuidadosamente seleccionados y entrenados por el mismo Señor, fueron los elegidos naturalmente para entrenar y dirigir el crecimiento de estos primeros discípulos. Sin embargo, debido a este crecimiento explosivo, se encontraron totalmente involucrados en la vida de este grupo emergente de creyentes.

Ahora, las malas noticias eran que algunas de las viudas estaban siendo ignoradas en la distribución diaria de alimentos. Los judíos griegos (su idioma principal era el griego en lugar del arameo, y vivían en secciones separadas de Jerusalén), cuyas viudas no estaban siendo atendidas, pidieron ayuda a estos líderes y apóstoles. Eso llevó a más malas noticias, ya que los apóstoles estaban ocupados buscando a Dios para que los guiara sobre cómo liderar a los nuevos convertidos y continuar promoviendo el crecimiento de la iglesia. Los judíos griegos querían acción y probablemente esperaban que estos líderes supervisaran personalmente la solución. ¿Qué debían hacer los apóstoles? Covey escribió en *Los 7 Habitos de la Gente Altamente Efectiva* (*The 7 Habits of Highly Effective People*):

"Es increíblemente fácil quedar atrapado en una trampa de actividad, en el ajetreo de la vida, trabajar más y más duro para subir la escalera del éxito solo para descubrir que estás apoyado contra la pared equivocada. Es posible estar ocupado, muy ocupado, sin ser muy efectivo . . . Cuán diferentes son nuestras vidas cuando realmente sabemos lo que es profundamente importante para nosotros y teniendo en cuenta esa imagen, nos manejamos cada día para ser y hacer lo que realmente importa. Si la escalera no está apoyada contra la pared correcta, cada paso que damos nos lleva al lugar equivocado más rápido. Podemos estar muy ocupados, podemos ser muy eficientes, pero también seremos verdaderamente efectivos solo cuando comencemos con el final en mente".[1]

Para Covey, "el final en mente" significa determinar por qué quieres ser conocido y luego prepararte para hacer eso. Los apóstoles en Hechos 6 tenían "el final en mente" y decidieron que no podían "servir las mesas", es decir, alejarse de su propósito. Su propósito no era ministrar a las viudas (servir mesas), sino dedicarse a la Palabra de Dios y la oración. Ellos podrían haber escalado la escalera de su ministerio sirviendo a las viudas solo para encontrarse apoyados en la pared equivocada. El lugar correcto para los apóstoles era el lugar en la pared marcada "La Palabra de Dios y la oración".

Esta sección a propósito está subtitulada, "Debes saber a dónde solicitar la propiedad de tu terreno". Si los primeros mineros de oro tenían como objetivo encontrar oro, era fundamental que trabajaran en el terreno adecuado. Una vez que encontraban el terreno correcto, tenían que reclamarlo para demostrar que el terreno era suyo. De lo contrario, perderían todo lo que habían ganado con su sacrificio. Tú también debes tener cuidado de reclamar tu terreno y luego trabajar la tierra que forma parte de tu reclamo. Encontrarás oro real solo entregándote al propósito que Dios te ha asignado -ese es tu terreno-.

Cuando el versículo cuatro dice que los apóstoles se entregaron a "la oración y al ministerio de la Palabra", no se refiere a la vida devocional normal que se espera que cada creyente tenga. Ciertamente, a todos los primeros creyentes se les enseñó a orar y estudiar las Escrituras. Los apóstoles, sin embargo, tenían un papel único que desempeñar en la Palabra y la oración. Habían estado con Jesús y las cosas que vieron y se les enseñaron los hicieron vitales para el futuro de la comunidad del pacto. Conocían su propósito y dijeron: "No podemos involucrarnos en esto porque tenemos que entregarnos a otra cosa". Servir las mesas los habría alejado de ese propósito.

Tu propósito le da un nuevo significado al versículo que se encuentra en Efesios 2:10: "Pues somos la obra maestra de Dios. Él nos creó de nuevo en Cristo Jesús, a fin de que hagamos las cosas buenas que preparó para nosotros tiempo atrás". Las buenas obras a las que se hace referencia en este versículo no son solo actos de bondad que debes realizar. Las buenas obras son aquellas cosas que solo tú puedes producir porque eres excepcionalmente dotado, habilidoso y llamado a hacer esas obras. Para mí, escribir es una de esas "buenas obras". Escribo rápidamente y me han dicho que escribo con claridad. Eso es porque Dios está conmigo cuando escribo. Él no está conmigo de la misma manera cuando canto, porque eso no está relacionado con mi propósito.

Cuando los apóstoles oraron, los edificios temblaron (ver Hechos 4: 23-31). Cuando se enfocaron en la oración y al ministerio de la Palabra, miles vinieron al Señor (ver Hechos 2: 40-41). Si puedes hacer algo y sacudir un edificio o ver resultados significativos, debes hacerlo con la mayor frecuencia posible.

Dios quiere que sepas cuál es tu propósito, y lo confirmará con los resultados que obtengas.

> **Pepita de Oro #1**
>
> Mira hacia adelante y fija los ojos en lo que está frente a ti. Traza un sendero recto para tus pies; permanece en el camino seguro. No te desvíes, evita que tus pies sigan el mal.—Proverbios 4:25-27 NTV

Necesitas esta misma mentalidad que tenían los apóstoles, ya sea que estés en el ministerio o sirviendo al Señor en alguna otra área. Puede que estés haciendo cosas buenas, incluso cosas bíblicas, pero ¿te estás entregando a lo que Dios ha reservado para que hagas? ¿Has presentado tu reclamo espiritual en el terreno correcto? Si no, debes decir, como los apóstoles, "No puedo hacer eso. Para mí, eso es servir las mesas (me aleja de mi propósito)". Mientras revisaba este libro, tuve que decir "no" a otras cosas, porque esto es lo que Dios me ha encargado. Cualquier otra cosa en este momento sería "servir las mesas" para mí.

Es posible que tengas un buen trabajo que te haya dado un alto nivel de vida, pero tal vez te sientas atrapado e insatisfecho. Si te quedas en ese trabajo por el dinero, ¡la Biblia tiene un nombre para ti y ese nombre es "asalariado"! Si estás barajando papeles, cuando realmente sientes que tu propósito es comenzar un negocio, asesorar, crear obras artísticas, reparar o enseñar; entonces estás "sirviendo las mesas", incluso si se te paga generosamente por hacer lo que estás haciendo actualmente.

Aquí hay otro ejemplo de lo que quiero decir. Tengo que ser honesto, como pastor, no me gustaba hacer visitación a los hospitales. Solia decir en broma a las personas que pastoreaba: "Si buscas misericordia, no vengas a mí, ese no es mi don". Yo no tenía problema con visitar en el hospital a alguien que estaba en mi congregación. Pero cuando alguien quería que visitara al primo de su tía, a quien además nunca había visto antes, comenzaba a pensar en todas las cosas que tenía por hacer, para poder decir honestamente: "Estoy ocupado".

Me doy cuenta de que, como discípulo y hermano, debo desarrollar misericordia y compasión por los demás, pero algunas de las expectativas que la gente tenía en mí como pastor constituían "servir las mesas" para mí. Tenían una idea de lo que debería ser un pastor y querían que encajara en su ideal.

Puedes pensar que no era espiritual o que no estaba hecho para ser pastor porque no me gustaba hacer visitación a los hospitales. Yo no lo veo así en absoluto. Preferí encontrar un equipo de personas que sintieran el llamado al ministerio hospitalario, y que fluyen en los dones de misericordia, fe e intercesión. Me pareció prudente identificar y liberar a aquellos cuyo propósito era extender misericordia y luego dejarlos hacer lo que hacían mejor. Estarían cumpliendo su propósito y en el proceso, me liberarían para cumplir el mío.

Peter Drucker, en su libro, *Eficacia Ejecutiva* (*The Effective Executive*), tiene un capítulo titulado, "¿Qué puedo aportar?" En muchas palabras, insta a todos en una organización a enfocarse en lo que cada uno es capaz de aportar:

> El ejecutivo efectivo se enfoca en la contribución ... El enfoque en la contribución es la clave de la efectividad: en el propio trabajo de un hombre: su contenido, su nivel, sus estándares y sus impactos; en sus relaciones con los demás: sus superiores, sus asociados, sus subordinados; en su uso de las herramientas del ejecutivo, tales como reuniones o informes... Centrarse en la contribución es centrarse en la eficacia.[2]

Tu mejor contribución y función en cualquier organización es en lo que tienes talento y capacidad divina para hacer, y eso se relaciona con tu propósito.

Decir "no" a las actividades o proyectos puede ser difícil (y a menudo no es posible si tu supervisor te pide que hagas algo), pero es más difícil funcionar continuamente en algo que no es tu propósito. Es muy fácil, especialmente en el ministerio, quedar atrapado en las expectativas que otros tienen frente al propósito que creen que tú deberías tener.

¿Puedes imaginarte a las viudas de camino a la reunión descrita en Hechos 6? Quizás estaban hablando en el camino diciendo: "Pedro es mi apóstol favorito. Lo amo tanto...él me ayudará". Otra viuda decía, "No, Juan es el top número uno para mi. Es querido y sé qué hará algo". Puedes estar seguro de que Pedro y Juan respondieron a esas viudas «Lo sentimos, pero no podemos ayudarlas porque nos alejará de nuestro propósito. Sin embargo, encontraremos a alguien más que pueda satisfacer sus necesidades".

Hace varios años, una película llamada *Carros De Fuego* (*Chariots of Fire*) contó la historia de Eric Liddel, un corredor olímpico, misionero en China y eventual mártir. En un momento de la película, la hermana de Liddel expresó su preocupación porque él estaba dedicando demasiado tiempo a correr. Temía que eso lo alejara de su llamado como misionero.

La respuesta de Liddel, aunque tal vez ficticia, sigue siendo un clásico. Él le dijo que Dios lo hizo rápido, "Y cuando corro", dijo, "siento que Él se complace". ¿Qué haces tú para complacer a Dios? ¿No es eso lo que quieres hacer con la mayor frecuencia posible?

Como se dijo anteriormente, Dios quiere que conozcas tu propósito. Uno de los indicadores de tu propósito es que obtengas resultados. Otra es que tienes una sensación de gozo y satisfacción cuando haces cosas relacionadas con tu propósito. El gozo es un tipo de barómetro que Dios ha colocado dentro de ti para que sepas cuándo estás en el camino correcto con respecto a tu propósito.

Cuando planeo conferencias, siento que Dios se complace. El Espíritu Santo siempre me ayuda cuando las planifico; y una y otra vez, Dios ha cubierto los errores de mis conferencias por Su gracia. Sé que Su unción aparecerá porque las conferencias son parte de mi propósito (que describiré en el Capítulo

Cuatro). Cuando "paso al bate" en una conferencia, espero pegar un "jonron". Cuando voy al hospital, por otro lado, me siento feliz en primera base.

Los héroes de la Biblia conocían su propósito y se concentraron en cumplirlo. Por eso tuvieron tanto éxito. Pasemos ahora a un estudio rápido del propósito en la Palabra de Dios.

Capítulo 3

La Presencia de Dios Revela Su Propósito

Dios es un Dios de propósito. Te reto a que encuentres a una persona en la Biblia a quien Dios se haya aparecido sin revelarle Su propósito, porque la presencia y el propósito de Dios van de la mano. La presencia de Dios no es solo un lugar en donde se nos pone la piel gallina y nos da euforia. Demasiados creyentes, me temo, solo quieren ir de euforia espiritual en euforia espiritual. Cuando no pueden encontrar esa euforia, rebotan de iglesia en iglesia. Pero mi "euforia" espiritual, si puedo llamarlo así, siempre viene de hacer, en un momento dado, lo que sé que nací para hacer.

Es cierto que a veces sentirás su presencia, pero ese no es el fin que Dios tiene en mente. La presencia de Dios viene a cambiarte y a ayudarte a comprender mejor quién es Él y qué quiere que hagas.

> **Pepita de Oro #2**
>
> "El SEÑOR ha hecho todo para sus propios propósitos, incluso al perverso para el día de la calamidad."—Proverbios 16:4 NTV

Examinemos a Adan cuyo propósito era "Luego Dios los bendijo con las siguientes palabras: «Sean fructíferos y multiplíquense. Llenen la tierra y gobiernen sobre ella. Reinen sobre los peces del mar, las aves del cielo y todos los animales que corren por el suelo»"(Génesis 1:28 NTV); Eva debía ser para Adan "una ayuda idónea" (Génesis 2:18); Abraham debía ser una gran nación y una bendición para todos los pueblos de la tierra (Génesis 12: 2-3); El propósito de José era gobernar sobre los hijos de su padre (Génesis 37: 8); Moisés debía "saca de Egipto a mi pueblo, los hijos de Israel" (Éxodo 3:10); la nación de Israel debía ser la posesión atesorada del Señor, "un reino de sacerdotes y una nación santa" (Éxodo 19: 5-6); incluso Faraón, un gobernante pagano, cumplió el propósito de Dios, porque Éxodo 9:16 dice: "Sin embargo, te he perdonado la vida (a Faraón) con un propósito: mostrarte mi poder y dar a conocer mi fama por toda la tierra". Hay muchos más ejemplos de la presencia y el propósito de Dios actuando como uno solo. Josué debía guiar al pueblo a heredar la tierra prometida (Josué 1: 6); David debía ser rey de Israel (1 Samuel 16: 12-13); Isaías debía "ir y decirle a este pueblo" (Isaías 6: 9); Jeremías, desde antes del vientre, fue designado "como profeta para las naciones" (Jeremías 1: 5); y Ester fue hecha reina para salvar a su pueblo de la destrucción, como le recordó su primo Mardoqueo cuando le dijo: "¿Quién sabe si no llegaste a ser reina precisamente para un momento como este?" (Ester 4:14 NTV). Es de notar que no todas estas personas estaban en trabajo "religioso". El Señor llamó a algunos para que trabajaran en posiciones seculares (Ester, José y David).

También podemos ver el llamado y el propósito de Dios en el Nuevo Testamento. Juan el Bautista vino a "preparar el camino para el Señor, hacer caminos rectos para Él" (Mateo 3: 3). Su propósito era tan claro para él que, cuando la gente lo declaró el Mesías, insistió en que no lo era. Juan sabía cuál era su propósito y no podía ser desviado. Pedro y Andrés debían ser "pescadores de hombres" (Mateo 4:19). A Pedro también se le dieron "las llaves del reino de los cielos" (Mateo 16:19), ¡así que se podría decir que su propósito era ser el guardián de la puerta del cielo!

Hechos 13:36 dice: "Porque cuando David había cumplido el propósito de Dios en su propia generación, durmió" (énfasis agregado). No puedo encontrar ningún lugar en el Antiguo o Nuevo Testamento donde Dios no haya revelado Su propósito cuando se le reveló alguien. Es mi oración que, como David, yo también sirva al propósito de Dios en mi generación. Cuando vaya a mi descanso eterno, quiero decir como Pablo: "He terminado la carrera, he guardado la fe" (2 Timoteo 4:7). Al igual que Pablo, quiero saber mi curso y saber que lo hice bien.

Si Dios me ha llamado a servir las mesas (y fue el propósito de algunos en Hechos 6), entonces quiero servir las mesas para que los ángeles se maravillen. Pero si las mesas no están en mi propósito, quiero evitarlas como si fueran una enfermedad. ¿Hasta dónde podemos llevar este concepto? Echemos un vistazo a Juan 17:1-5.

> "Después de decir todas esas cosas, Jesús miró al cielo y dijo: «Padre, ha llegado la hora. Glorifica a tu Hijo para que él, a su vez, te dé la gloria a ti. Pues le has dado a tu Hijo autoridad sobre todo ser humano. Él da vida eterna a cada uno de los que tú le has dado. Y la manera de tener vida eterna es conocerte a ti, el único Dios verdadero, y a Jesucristo, a quien tú enviaste a la tierra. Yo te di la gloria aquí en la tierra, al terminar la obra que me encargaste. Ahora, Padre, llévame a la gloria que compartíamos antes de que comenzara el mundo".

Jesús trajo gloria al Padre al hacer el trabajo para el que fue enviado. No glorificó a Dios cantando y alabando o siendo doctrinalmente correcto. Él trajo gloria a Dios al ser fiel al propósito que le asignó el Padre. Glorificarás a Dios de la misma manera en cuanto persigas y completes el trabajo que se ha reservado para ti y solo para ti.

Un día Jesús fue a Jericó y se encontró en medio de una procesión. Un hombre bajito trepó a un árbol para ver mejor lo que estaba sucediendo. Cuando Jesús pasó, dijo: "Zaqueo, baja inmediatamente. Hoy debo quedarme en tu casa" (Lucas 19: 5). Zaqueo obedeció y lo recibió con una cena. Después de la cena, Zaqueo se levantó y anunció: "¡Mira, Señor! Aquí y ahora doy la mitad de mis posesiones a los pobres, y si he engañado a alguien por algo, pagaré cuatro veces la cantidad" (Lucas 19: 8).

Imagina la conmoción entre la gente, especialmente sus colegas recaudadores de impuestos. Pero Jesús respondió: "Jesús le dijo: Hoy ha venido la salvación a esta casa; por cuanto él también es hijo de Abraham. Porque el Hijo del Hombre vino a buscar y a salvar lo que se había perdido". (Lucas 19: 9-10). El propósito de Jesús se resumió en esa simple declaración. La gente trató de convertirlo en un rey, un libertador político y un rabino. Sin embargo, se resistió a todos esos títulos y roles porque no eran consistentes con su propósito. Cuando corrió hacia los perdidos, por así decirlo, complació a Dios. Él entendió esto y les dijo a los fariseos: "No he venido a llamar a justos, sino a pecadores" (Mateo 9:13).

Se puede argumentar que Jesús llegó a comprender plenamente y cumplir su propósito de la misma manera en que tú realizarás el tuyo, al buscar a Dios. Cuando tenía 12 años, Jesús estaba en el templo buscando su propósito. Tenía que ocuparse de los asuntos de su Padre, pero primero tenía que saber cuáles eran esos asuntos. ¿Era para cabalgar a Jerusalén en un semental blanco como general? ¿Restaurar a Israel políticamente como potencia mundial? ¿Para mostrar el poder del Padre con grandes milagros y exhibiciones públicas?

Jesús encontró su propósito y se centró en él de la misma manera que tú encontrarás y llevarás a cabo el tuyo. Puso su rostro como pedernal para encontrarlo y luego lo hizo. Hebreos 12: 2 dice: "puestos los ojos en Jesús, el autor y consumador de la fe, el cual por el gozo puesto delante de él sufrió la cruz, menospreciando el oprobio, y se sentó a la diestra del trono de Dios". Por el gozo del propósito que le fue asignado, pasó por todo tipo

Pepita de Oro #3

Clama por inteligencia y pide entendimiento. Búscalos como si fueran plata, como si fueran tesoros escondidos. Entonces comprenderás lo que significa temer al Señor y obtendrás conocimiento de Dios. (Proverbios 2:3-5 de dolor. Hoy, Él todavía busca y salva a los perdidos, y muchos ciertamente están contentos por eso.

Los apóstoles fueron indudablemente impactados por el sentido de propósito de Jesús. En Hechos 6 habían determinado cuál era su propósito, y no podían ser desviados de este propósito para servir las mesas. Con el paso del tiempo, cada apóstol vio más claramente que debían dedicarse a la oración y la Palabra. Este propósito básico nunca cambió, a pesar de que lo llevaron a cabo en diferentes lugares y de diferentes maneras. Pero a pesar de todo, dieron la vuelta al mundo porque eran hombres de propósito.

Los apóstoles no solo decidieron "hacer que las cosas sucedieran". Cooperaron con la voluntad de Dios que existía para sus vidas antes de que el mundo comenzara. Y el Espíritu Santo los guió y trabajó en ellos para lograr resultados tan fantásticos. Los apóstoles no solo conocian su propósito, sino que también podían decirlo claramente. Mira Gálatas 2:7-9:

> Al contrario, ellos comprendieron que Dios me había dado la responsabilidad de predicar el evangelio a los gentiles tal como le había dado a Pedro la responsabilidad de predicar a los judíos. Pues el mismo Dios que actuaba por medio de Pedro, apóstol a los judíos, también actuaba por medio de mí, apóstol a los gentiles. De hecho, Santiago, Pedro y Juan—quienes eran considerados pilares de la iglesia—reconocieron el don que Dios me había dado y nos aceptaron a Bernabé y a mí como sus colegas. Nos animaron a seguir predicando a los gentiles mientras ellos continuaban su tarea con los judíos.

Pablo conocía su propósito y también conocía el propósito de Pedro. La misión de cada uno estaba tan bien definida, que otros la podían ver y la respetaban. De hecho, el propósito de Pablo era tan claro para él, que se negó a bautizar a las personas. En 1 Corintios 1:14 y 17, declara: "Estoy agradecido de no haber bautizado a ninguno de ustedes... Porque Cristo no me envió a bautizar sino a predicar el evangelio". (¡Ahora no me siento tan culpable por no querer hacer visitas al hospital!) Además, en Romanos 15:20 y 22, Pablo escribió:

> "Y de esta manera me esforcé a predicar el evangelio, no donde Cristo ya hubiese sido nombrado, para no edificar sobre fundamento ajeno... Aquellos a quienes nunca les fue anunciado acerca de él, verán; Y los que nunca han oído de él, entenderán..."

La misión de Pablo era predicar a los gentiles que nunca habían oído hablar de Cristo. Cuando trató de ir a Roma, un viaje que en ese momento no era consistente con su propósito, ¡Dios lo resistió!

Pablo amaba esa iglesia, pero para él Roma era el equivalente de "servir las mesas (apartarse de su propósito)". La única forma en que pensó que llegaría allí fue declarada en Romanos 15:24: "Cuando vaya a España, iré a vosotros; porque espero veros al pasar, y ser encaminado allá por vosotros, una vez que haya gozado con vosotros". Pablo pensó que podría llegar a Roma mientras se dirigía al pueblo no evangelizado de España. En cambio, llegó allí después de apelar al César, ya que evangelizar a reyes y líderes era parte de su propósito.

Tienes un propósito, al igual que Adán, Abraham, David, Daniel y Pablo. Efesios 4:16 dice, "De quien todo el cuerpo, bien concertado y unido entre sí por todas las coyunturas que se ayudan mutuamente, *según la actividad propia de cada miembro*, recibe su crecimiento para ir edificándose en amor". (RVR 1960).

La palabra "efectivo" en ese versículo significa que cada parte aporta solo lo que puede aportar. Cuando eso sucede, el cuerpo es efectivo. Y recuerda, Adan, Ester y Daniel no funcionaron como líderes religiosos y probablemente, tú tampoco. Pero fortalecerás el Cuerpo siendo quien Dios te hizo, a pesar de pensar que tu empuje principal pueda estar en otra esfera de la vida.

John Wooden, legendario entrenador de baloncesto universitario en UCLA (Universidad de Los Ángeles California) por sus siglas en inglés, dijo una vez: "No dejes que lo que no puedes hacer interfiera con lo que puedes hacer". No sientas que necesitas ser todo para todos. No tienes que hacer todo en el ministerio. Y no necesitas ser presidente de la compañía para tener éxito. Solo tienes que ser fiel a tu propósito y agradar a Dios al hacerlo.

Piensa en esta analogía del mundo del deporte. Ningún equipo de fútbol Americano quiere un mariscal de campo que quiera, aunque pueda, hacerlo todo. El mariscal de campo no necesita ser también el defensa, el ala cerrada y el mediocampista. Lo que el equipo quiere y necesita es un mariscal de campo que pueda lanzar la pelota y liderar al equipo en el campo. Es lo mismo con el cuerpo de Cristo. El cuerpo de Cristo no necesita personas perfectas. El Cuerpo necesita personas que conozcan su propósito y se hayan entregado de todo corazón.

En los círculos seculares, este énfasis se llama "construir sobre las fortalezas y minimizar las debilidades". Marcus Buckingham (escritor, investigador, orador motivacional y consultor de negocios), líder no oficial del "Movimiento de Fortalezas" (strengths movement), define una "fuerza" como algo que haces que te hace sentir eufórico o "fuerte". También señala que hacer algo desde tu debilidad, te debilita más después de haberlo realizado, sin importar qué tan hábil seas para hacerlo. Eso explica mi disgusto por las visitas al hospital. Podía hacerlo (y sabía cómo hacerlo bien), pero me dejaba agotado cuando lo hacía.

Permíteme también decir que hay una diferencia entre tus dones y tu propósito. Tus dones son las herramientas que tienes para ayudarte a cumplir tu propósito. El fontanero tiene una caja de herramientas y en ella hay una llave inglesa. El propósito del plomero no es apretar, eso lo hace la herramienta. El propósito del plomero es arreglar las tuberías. Tengo dones de enseñanza, humor, administración, escritura y administración (sé que ya lo mencioné, ¡pero es un gran don!). Esos dones me ayudan a cumplir mi propósito, pero no son mi propósito.

En 1 Corintios 3:13 dice: "La obra de cada uno se hará manifiesta; porque el día la declarará, pues por el fuego será revelada; y la obra de cada uno cuál sea, el fuego la probará". El fuego pondrá a prueba tu trabajo. A menudo me he preguntado si el agotamiento es el resultado del fuego de Dios que prueba tu trabajo de vez en cuando. Ese agotamiento puede revelar algo en lo que tú estás involucrado y en lo que no necesitas involucrarte. Esa actividad requiere más energía de la que puedes dar. Si puedes identificar aquello en lo que todavía tienes energía para hacer aún mientras sufres de agotamiento, esa es tu manera de saber cuál es el propósito de tu vida. El trabajo que hiciste por culpa, ansiedad, orgullo o ignorancia arde como madera, heno y rastrojo.

Cuando escucho que alguien está luchando contra el agotamiento, y es bastante común, especialmente entre aquellos en el ministerio, a menudo me refiero a la zarza ardiente en la historia de Moisés. Estoy seguro de que Moisés había visto otros arbustos en llamas en el desierto, pero el que llamó su atención fue el que ardió pero no se consumió. Así es como debes ser en tu propósito. Debes arder intensamente, pero nunca ser consumido, siempre teniendo energía para fluir en tu propósito.

A estas alturas, probablemente te estés preguntando: "¿Cómo puedo identificar exactamente mi propósito?" Con esa pregunta en mente, veamos algunos pasos simples que puedes seguir para aclarar el propósito de tu vida.

Capítulo 4

Encontrar el Camino Que Conduce a Tu Propósito

Hay un viejo proverbio que dice: "El viaje más largo comienza con el primer paso". En este capítulo, describiremos los pasos prácticos que puedes seguir para ayudarte a definir tu propósito dado por Dios. Son los mismos pasos que Nehemías tomó para encontrar y confirmar lo que Dios lo llamó a hacer. Es posible que desees leer el libro de Nehemías antes de leer este capítulo. Mientras lees, pregúntate: "¿Cómo puedo encontrar este sentido de destino? ¿Cómo puedo ordenar mi mundo y mi vida como lo hizo Nehemías, llegar al lugar de destino al que llegó y declarar mi misión con certeza?

Después de haber leído Nehemías, considera los siguientes cuatro puntos.

1. **Nehemías buscó al Señor para entender su propósito.** Es posible que no conozcas tu propósito porque nunca le has pedido al Señor que te lo muestre o te lo aclare. Nehemías 1: 4 dice: "Cuando oí estas palabras me senté y lloré, e hice duelo por algunos días, y ayuné y oré delante del Dios de los cielos". Fue en esa actitud que Nehemías vio lo que Dios quería que hiciera.

> **Pepita de Oro #4**
> "Gloria de Dios es encubrir un asunto;
> Pero honra del rey es escudriñarlo..."
> —Proverbios 25:2

Tal vez Nehemías estaba familiarizado con Proverbios 2: 3-5, una semilla de oro mencionada anteriormente: "Si clamares a la inteligencia, Y a la prudencia dieres tu voz; Si como a la plata la buscares, Y la escudriñares como a tesoros, Entonces entenderás el temor de Jehová, y hallarás el conocimiento de Dios". Así es como debería ser la búsqueda del Señor.

Debes clamar y buscar al Señor con todo tu ser. Por ejemplo, una congregación que pastoreé una vez, apartaba un tiempo en enero para orar y ayunar. Usualmente ayunábamos durante 21 días y teníamos tiempos de oración regulares. Siempre me sorprendió cómo Dios permitió ser encontrado durante esos tiempos; Él fue fiel al revelarse en respuesta a nuestra búsqueda diligente.

El Nuevo Testamento confirma lo que Proverbios 2 enseña. Hebreos 11: 6 dice: " Pero sin fe es imposible agradar a Dios; porque es necesario que el que se acerca a Dios crea que le haya, y que es galardonador de los que le buscan". Si buscas al Señor con todo lo que tienes, lo encontrarás. O tal vez sea mejor decir que se permitirá ser encontrado.

Es posible que ya conozcas tu propósito, o estés más cerca de saberlo de lo que crees. A menudo lo que podrás oir es algo como: "Wow, ¿cómo hiciste eso?" Probablemente respondes: "No fue nada". En cierto sentido, no fue nada para ti porque era consistente con tu propósito. Para ti es algo natural, y por eso puedes considerarlo insignificante. De hecho, cuando estoy entrenando a personas que buscan un propósito, escucho esta palabra: "solo". Cuando alguien dice "es que solo trabajo con adolescentes" o "simplemente solo disfruto trabajar en la cocina", me doy cuenta de que están cerca de descubrir su propósito. Cuando las personas minimizan lo que hacen, a menudo es porque es tan natural para ellas, que tienden a esperar que su propósito sea más allá de lo que piensan. A menudo buscan algo más dinámico o "diferente" a lo que son ellos. Esperan que Dios los haga alguien que nunca han sido. Aconsejo a los buscadores de propósito con estas palabras: "Si no pudiste cantar antes, la probabilidad de que cantes ahora mientras buscas un propósito, realmente, es remota. Así que centrémonos en lo que has hecho regularmente incluso antes de comenzar a "buscar".

Otro comentario que escucho a menudo en las sesiones de entrenamiento es: "¡No tengo idea de cuál es mi propósito!" a lo que respondo con asombro, "¿No tienes idea?" y la persona generalmente confirma: "¡Ni idea!" Entonces empiezo a hacer preguntas: "¿Quieres ser astronauta?" a lo que la persona responde: "¡No!" "¿Qué tal un camionero?" y nuevamente la persona dice: "¡De ninguna manera!" "Entonces, ¿qué tal un cirujano?" y la respuesta regresa, "¡No es una opción!"

Es entonces cuando señalo: "Bueno, si no tuvieras idea, tendrías que decir "tal vez" a esas preguntas. ¡El hecho de que estés tan seguro de que la respuesta es "no", me da la impresión de que sabes más de lo que crees! Después de algunas preguntas adicionales, hemos reducido la lista a una o dos cosas, a las cuales la persona generalmente responderá: "¿Eso es todo? ¡Lo he estado haciendo toda mi vida! "

El propósito de Nehemías, por ejemplo, era reconstruir Jerusalén, la ciudad de sus padres, por lo que indagaba entre los visitantes que venían de Jerusalén, cómo era "estar en casa". Mientras todos los demás seguían con sus negocios como de costumbre, Nehemías tenía una carga por Jerusalén por lo que la información de los visitantes de que la ciudad estaba en ruinas, devastó a Nehemías más que a nadie. Esa información, simplemente ayudó a aclararle lo que debía hacer sobre esa situación en "casa". Supongo que Nehemías había sido un apasionado de su pueblo y su ciudad durante algún tiempo, pero no lo reconoció por lo que era. Cuando escuchó la información de la devastación, se conmovió, comenzó a hacer preguntas que nunca antes había hecho y recibió respuestas que no hubiera estado listo para recibir antes del informe de la desaparición de Jerusalén.

No tienes que aparecer en los titulares nacionales, predicar como Billy Graham, ministrar como la Madre Teresa o cantar como Amy Grant para tener éxito ante los ojos de Dios. Considera a Dorcas, cuya muerte y resurrección se describen en Hechos 9: 36-43. Dorcas era una mujer adinerada y costurera que "siempre hacía el bien y ayudaba a los pobres". Ese era su propósito; ella se entregó e hizo un trabajo eficaz.

Cuando Dorcas murió, sus amigos llamaron a Pedro, el apóstol de los judíos y posiblemente el apóstol más conocido de la época. Era un poderoso hombre de Dios que fue a presentar sus respetos a una costurera de un pueblo pequeño. Cuando llegó a su casa, encontró a todos llorando. Las viudas le mostraron la ropa que Dorcas les había hecho, prueba de que ella había cumplido fielmente su misión. Pedro se sintió tan conmovido por una mujer entregada a su propósito que entró, oró y le dijo que "se levantara". Dorcas, que ministró a un grupo insignificante de personas en un pueblo en medio de la nada, recibió todos los recursos del cielo en su hora de necesidad porque había sido fiel a su propósito dado por Dios.

Me pregunto si Dorcas alguna vez pensó: "Lo único que sé hacer es coser. Esa capa no era nada. Por favor acéptelo como mi regalo". Tal vez pensó que lo que hizo no fue nada especial, pero en realidad, su obra fue el resultado del empoderamiento divino. Ella hizo lo que mejor sabía hacer y bendijo a muchas personas a través de su propósito. Tú tienes el mismo potencial. ¿Qué tal un hombre llamado José que se menciona en el Libro de los Hechos? Probablemente no lo conozcas como José, porque los apóstoles le cambiaron el nombre. ¡Este José se entregó de todo corazón a su propósito para que la gente se encargara de cambiar su nombre!

Leemos en Hechos 4: 36-37 "Entonces José, a quien los apóstoles pusieron por sobrenombre Bernabé (que traducido es, Hijo de consolación), levita, natural de Chipre, como tenía una heredad, la vendió y trajo el precio y lo puso a los pies de los apóstoles".

Ponte en el lugar de los apóstoles en esos primeros días. Tal vez tuvieron un día difícil, y la secretaria les informó que les quedaba una cita. Cuando oyeron que era José, dijeron: "Oh, te refieres a Bernabé, el Hijo de consolación. Cada vez que lo vemos nos anima. Dile que siga.

En ese momento, José entró con dos bolsas de dinero y

las colocó a los pies de los apóstoles. Él dijo: "Tenía este terreno y pensé en venderlo y darles el dinero para que hagan lo que deseen. Aprecio el trabajo que están haciendo y los amo a todos". Cuando se fue, los apóstoles se alegraron de haberlo dejado entrar. Los refrescó y los alentó, y fue fiel al nuevo nombre que le habían dado. A partir de ese momento, cada vez que leemos sobre Bernabé, él está haciendo honor a su nombre, que encarnaba su propósito de "alentar".

Cuando la iglesia primitiva no quería saber nada de Saulo, Bernabé se adelantó y los alentó a aceptarlo (Hechos 9:27). Cuando la obra en Antioquía entre los gentiles estaba en auge, los apóstoles enviaron a Bernabé allí:

> "Cuando llegó y vio la evidencia de la gracia de Dios, se alegró y los alentó a todos a permanecer fieles al Señor con todo su corazón. Era un buen hombre, lleno del Espíritu Santo y fe, y un gran número de personas fueron traídas al Señor". (Hechos 11: 23-24).

Bernabé no estaba interesado en quedarse solo con ese trabajo en Antioquía, así que "fue a Tarso a buscar a Saulo, y cuando lo encontró, lo trajo a Antioquía" (Hechos 11: 25-26). Bernabé aprovechó la oportunidad para alentar a Saulo y su ministerio después de alentar a la nueva iglesia en Antioquía.

Bernabé tenía más que un don de dar ánimo. Aunque era maestro, apóstol, profeta, evangelista y dador, alentó a las personas en medio de todo. Cuando corrió para animar a la gente, complació a Dios.

Bolles en *¿De Qué Color es Tu Paracaídas?* (*What Color Is Your Parachute?*) escribe,

> "Necesitamos desaprender la idea de que nuestra única Misión debe consistir en algún logro que todo el mundo verá y en cambio aprender de cómo la piedra no siempre sabe qué ondas ha causado en el estanque cuya superficie impacta, ni nosotros ni

quienes nos observan siempre sabrán lo que hemos logrado con nuestra vida y con nuestra Misión. Puede ser que por la gracia de Dios hayamos ayudado a lograr un cambio profundo para mejorar las vidas de otras almas que nos rodean, pero también puede ser que esto suceda más allá de nuestra vista, o después de que hayamos avanzado. Y es posible que nunca sepamos lo que hemos logrado, hasta que Lo veamos cara a cara después de que esta vida haya pasado".[3]

Dudo que Dorcas esperara ser conmemorada en la Palabra de Dios escrita por todas las generaciones debido a lo que hizo. Pero ella era y nosotros somos los más ricos por su historia.

Nehemías operaba con el mismo poder que viene cuando alguien funciona con propósito. Buscó al Señor para cumplir su propósito; de hecho, él agonizó por eso. No puedes leer su oración de apertura en Nehemías 1: 5-11 sin sentir su agonía mientras derramaba su corazón ante el Señor. Fue diligente en buscar y el Señor le reveló su propósito.

2. **Nehemías se vio a sí mismo como parte de un grupo más grande**. Nehemías no oró en singular; Él oró en plural. Dijo cosas como: "Confieso los pecados que hemos cometido contra ti", "Hemos actuado malvadamente" y "No hemos obedecido tus mandamientos". Sus padres y abuelos habían abandonado el pacto y, como resultado, Nehemías estaba sirviendo en un país extranjero. Una tierra, lejos de Judá, sin culpa aparente de su parte. A pesar de esa realidad, todavía oraba "nosotros" porque se veía a sí mismo como parte de un cuerpo más grande.

Necesitas verte de la misma manera. Si te encuentras

Pepita de Oro #5

"Su deseo busca el que se desvía,
y se entremete en todo negocio..."
—Proverbios 18:1

cumpliendo tu misión en el mundo secular, juega en equipo. No te detengas ni juzgues a aquellos con quienes trabajas. Se parte de sus vidas y ten los mejores intereses de la organización en tu corazón. Nehemías sirvió a un rey pagano y parece haberlo hecho con excelencia. Daniel dio lo mejor de sí a Nabucodonosor, el hombre que saqueó su nación y cambió radicalmente su vida. Dios espera que también le des lo mejor a tu "mundo", incluso si es parte del sistema mundano.

Aprendí esto cuando estaba empleado secularmente antes de ingresar al ministerio. Me encontré trabajando en una cadena de escuelas de oficios como director de admisiones, y algunos de los estudiantes y compañeros de trabajo tuvieron algunos problemas serios. Con los problemas llegaron los hábitos de fumar, maldecir y estilos de vida pervertidos, que son demasiado comunes en el mundo.

Tuve un problema grave con uno de mis supervisores cuyo estilo de vida era particularmente problemático y ofensivo. Este hombre me daba órdenes, gritando mi nombre desde el pasillo en tono burlón. Traté de alejarme de él lo más posible, pero nuestros caminos se cruzaban más de lo que quería.

Mientras estaba en ese trabajo, me pagaban una comisión pero me la quitaron aproximadamente un año después de tomar el trabajo. Comencé a orar por mis necesidades financieras y el Espíritu Santo me reveló que mi mala actitud hacia ese supervisor había causado mis problemas financieros.

Traté de razonar con el Señor, pero Él no cedió. Mis finanzas no mejoraron hasta que me arrepentí de mi actitud hacia ese hombre. Cuando lo hice, no solo mejoraron mis finanzas, sino que también mejoró mi capacidad para trabajar con mi supervisor y otras personas. Vi cuán crítico había sido y me di cuenta de algo de lo que Jesús debió haber encontrado cuando estuvo entre nosotros. El Hijo de Dios sin pecado tuvo que lidiar diariamente con hombres y mujeres imperfectos, pero lo hizo con gracia y misericordia. Fui llamado a seguir Sus pasos, y ese trabajo y el supervisor me dieron la oportunidad perfecta para hacer precisamente eso.

Si has encontrado que tu propósito se cumple en la obra de la iglesia, también debes tener la actitud correcta. La Iglesia es la niña de los ojos de Dios. Jesús no se entregó para que tu permanezcas en el individualismo. Se entregó a sí mismo para construir la Iglesia. Es a la Iglesia a la que las puertas del infierno tratarán de prevalecer sin éxito. Hoy en día hay muchas personas que fueron heridas en divisiones de la iglesia debido al egoísmo y al liderazgo deficiente. Sin lugar a dudas, han habido serios problemas con los líderes, ancianos, pastores, diáconos y miembros del personal.

Si has resultado herido, debes seguir el ejemplo de Nehemías y superar tu dolor e ira hasta obtener sanidad y liberación. Entonces debes continuar con tu propósito, que puede tener lugar para ti dentro y a través de la Iglesia. Hoy hay una generación entera a la que realmente no le importa lo que has pasado. Cuando comparas lo que has pasado con el infierno a dónde van ellos, puedes ver la importancia de encontrar y funcionar en tu propósito. También entiendes por qué el maligno ha atacado a la Iglesia para debilitarla y sin ningún propósito.

Tal vez pienses: "No sabes... hice mucho... y el pastor trajo a su cuñado y me despidió... Fue tan injusto y doloroso". Así puede ser cuando estás involucrado con personas imperfectas. Puede que no haya sido justo, pero esa es la vida en el mundo real. La Iglesia ha sido un lugar imperfecto lleno de personas imperfectas durante 2000 años, y no va a cambiar a corto plazo. La Biblia está llena de instrucciones sobre cómo manejar tu dolor. La retirada y el aislamiento no están entre tus opciones.

También puedo relacionarme con algo de tu dolor y desilusión en esta área. Hace muchos años, fui "despedido" de un ministerio cristiano. Le había dado algunos años de mi vida, y luego me fui. Reaccioné con ira, trasladé mi equipo de oficina a casa sin ayuda, y me encontraba sentado en mi oficina en casa todas las mañanas haciendo pucheros y deprimido.

Una mañana, el Espíritu Santo me habló tan claramente

como siempre lo hace y me dijo: "No estás tratando con ese ministerio; estás tratando conmigo. Te envié a casa". Esa declaración me salvó la vida y me libró de la amargura y la ira destructivas. De repente vi que Dios me había liberado de ese trabajo porque ya no me necesitaban allí. Tenía algo más que hacer, una nueva forma de aplicar mi propósito, y usó ese incidente para ponerme en posición para mi próximo paso. Si lo hubiera estado escuchando más de cerca, probablemente habría renunciado antes de que me dejaran ir. Sin embargo, no estaba escuchando y Dios tuvo que usar medios extraordinarios para llamar mi atención.

Poco después de ese lanzamiento recibí una invitación para pastorear una iglesia en Orlando, Florida, donde serví durante cuatro años maravillosos. ¡Comencé a escribir este libro en Orlando, pastorear en una ciudad que amaba, rodeada de personas que amaba y hacer cosas que siempre soñé hacer!

Estaba tratando con Dios, y tú también lo has estado haciendo. Dios ama a Su Iglesia y quiere que tú también la ames, sin importar lo que haya sucedido. Ya sea que te haya lastimado asistir o trabajar para una iglesia, debes tener la misma actitud que José hacia aquellos que te han lastimado. Él les dijo a sus hermanos: "Ustedes se propusieron hacerme mal, pero Dios dispuso todo para bien. Él me puso en este cargo para que yo pudiera salvar la vida de muchas personas". (Génesis 50:20).

Compara eso con lo que Nehemías podría haber dicho: "Mis padres pecaron e hicieron estas cosas mal". ¡No! En su lugar, oro: "¡Nosotros, nosotros, nosotros!" Debido a que tenía una actitud correcta de corazón, Dios claramente le reveló que debía desempeñar un papel en el proceso de reconstrucción. Solo "nosotros" tenemos ese privilegio.

3. **Nehemías confesó su incapacidad para lograr su propósito.** Cuando escucho a alguien hablar sobre un propósito, me gusta sentir algo de humildad. Debes darte cuenta de que Dios no quiere que confíes en tus propias habilidades, sino en Él. Si no hay temor por el propósito, al menos debe haber un

respeto saludable por los obstáculos que deben superarse para lograrlo. Dios no te colocará en tu zona de confort. Su propósito requerirá fe y diligencia si quiere ser efectivo.

Nehemías fue a Jerusalén y examinó cuánto había que hacer. Sus enemigos se levantaron para desanimarlo, pero él les dijo: "El Dios del cielo nos dará éxito" (Nehemías 2:20). Tenía que orar constantemente y pedir la ayuda a Dios. La gente tuvo que trabajar con una espada en una mano en caso de ataque. Cuando terminaron el muro en 52 días, Nehemías escribió que "Y cuando lo oyeron todos nuestros enemigos, temieron todas las naciones que estaban alrededor de nosotros, y se sintieron humillados, y conocieron que por nuestro Dios había sido hecha esta obra". (Nehemías 6:16). Sabía que su efectividad se encontraba en que Dios lo ayudaba a hacer lo que fue creado para hacer.

Abraham ciertamente fue abrumado por su propósito de ser padre de multitudes. Moisés llegó al lugar donde no podía guiar al pueblo sin la ayuda de Dios. Salomón oró por sabiduría para guiar a Israel. Jeremías trató de escapar haciendo lo que debía hacer y Dios tuvo que lidiar con él severamente.

Todos en la Biblia estaban abrumados por su propósito. Incluso Jesús sudó gotas de sangre cuando llegó a la hora en que Su propósito se cumpliría. Los ángeles vinieron y le ministraron en el jardín para fortalecerlo para la cruz, pero aun así la carga era demasiado pesada.

A la luz de esta labor, ¿crees que tu propósito será un camino de rosas? Con toda seguridad, te confrontará mientras buscas al Señor como nunca antes, y hará que te des cuenta de tu necesidad de los demás más que nunca al enfrentar tus propias limitaciones.

4. Nehemías pudo describir claramente su propósito al rey. Si no tienes claro cuál es tu propósito, otras personas tampoco lo tendrán claro. Debes tener una declaración que explique tu propósito en una oración clara y concisa. Hasta que tengas eso, no puedes ser completamente efectivo porque tu enfoque no será nítido, tampoco será claro y tendrás la tendencia a distraerte o extenderte demasiado.

Nehemías, el mayordomo del rey, se presentó ante el rey con una cara triste. El rey preguntó: "¿Por qué tu cara se ve tan triste si no estás enfermo?" (Nehemías 2:2) Nehemías respondió que estaba triste por la situación en Jerusalén. Entonces el rey hizo la pregunta crucial: "¿Qué es lo que quieres?" (Nehemías 2:4 énfasis agregado).

Me alegra que Nehemías no se echó para atrás, ni usó frases relgiosas como: "Solo quiero que el Señor me use". ¡En cambio, él le pidió ser enviado a la ciudad de sus padres! Solicitó además suministros y cartas de recomendación. El rey finalmente preguntó: "¿Cuánto durará tu viaje?" y Nehemías "fijó un tiempo" (Nehemías 2: 6). Él fue específico. Sabía lo que debía hacer, lo que necesitaba lograr y cuánto tiempo tomaría terminarlo. Era específico en la oración y con los hombres porque sabía su propósito.

Aclarar mi propio propósito se produjo cuando sufrí un doloroso fracaso hace varios años. En ese momento, formaba parte de un equipo que comenzó un negocio "cristiano". Nuestros objetivos para nuestras ganancias eran simples y directos: íbamos a ganar dinero para el reino de Dios, financiar proyectos de misiones y proporcionar empleos solo para los hermanos y hermanas en la iglesia. Con esos objetivos, sabíamos que no podíamos fallar, porque Dios ciertamente estaría con nosotros.

Comenzamos el negocio y las cosas se deterioraron más rápido de lo que podríamos haber imaginado. Gastamos veinticinco mil dólares con muy pocas ventas para demostrarlo. Pronto todos los involucrados fueron a buscar otro trabajo. El negocio se cerró poco después y debido a que mi nombre estaba en los contratos de arrendamiento de la oficina y del servicio de telefonía, ¿adivinen quién se quedó a con las facturas?

Una mañana estaba orando, "¡Oh Dios, guarda este negocio para tu gloria!" Sentí que el Espíritu Santo respondía gentilmente mientras este pensamiento pasaba por mi mente: "No estás interesado en Mi gloria. Te interesa salvar tu pellejo". Eso era absolutamente cierto, y le respondí enojado al Señor: "Si no me llamaste para comenzar este negocio, ¿qué me llamaste a hacer?"

Inmediatamente, sentí el impulso de ir a Génesis 1:2, que dice: "Y la tierra estaba desordenada y vacía, y las tinieblas estaban sobre la faz del abismo, y el Espíritu de Dios se movía sobre la faz de las aguas". Cuando estudié ese versículo en un comentario bíblico, el autor afirmaba que El espíritu trajo orden al caos que se encontraba en la condición de la tierra. De repente, me enfrenté a mi propio propósito: crear orden a partir del caos.

Casi me caigo al suelo. Era claro, conciso, directo y tenía sentido. Cuando era niño, vaciaba el garaje de mi padre, lo barría, volvía a poner todo en orden y luego sentía una increíble sensación de paz cuando me detenía y miraba todo en su lugar. Esa tendencia continuó como adulto cuando me di cuenta de que cada trabajo que tuve fue un trabajo que nadie más podía haber hecho. Siempre me dieron nuevas posiciones para poder crear orden a partir del caos. ¡Incluso antes de ser creyente, cumplía mi propósito y no lo sabía! ¡Crear el orden a partir del caos era el propósito de mi vida! Hablaremos de creatividad en la siguiente sección.

Quizás estés pensando "Eso no parece muy específico. Eso realmente no me dice lo que haces ", y estarías en lo correcto. Esta declaración de propósito no me dice qué debo hacer, sino que indica el efecto que tengo en lo que sea que haga. Entonces, ayudo a alguien, creo un orden a partir del caos. Cuando escribo, creo un orden a partir del caos. Cuando enseño, creo un orden a partir del caos. El propósito no es el trabajo que haces, es la esencia de quién eres lo que se manifiesta en todo lo que haces.

En Juan 7:38, Jesús dijo: "El que cree en mí, como dice la Escritura, de su interior correrán ríos de agua viva". Parte de esta agua viva es tu propósito cuando expresas y vives tu vida como nadie más lo ha hecho ni puede hacerlo. El agua que emana de ti no debe ser amarga o salada, sino que debe tener tu marca y tu sabor. Si amas el color, entonces todo lo que hagas será colorido. Si escribes, usarás tu vocabulario y escribirás desde tu perspectiva única de la vida. Si juegas, serán juegos que expresen quién eres.

Tu propósito es como un conjunto de huellas digitales espirituales. Piensa en las huellas digitales por un momento. Tienes una marca en un espacio muy limitado que te distingue de cualquier otro ser humano en la faz de la tierra. No solo eso, sino que probablemente tengas impresiones que nadie ha tenido en la historia de la humanidad, ¡porque no parece que Dios las recicla! ¿Cómo hace Dios eso en un pedazo de piel tan pequeño? Sin embargo, lo hace, y lo mismo pasa con tu propósito. Tienes un propósito único que nadie tiene y nadie más puede hacerlo como tú.

En la mayoría de los casos, tu propósito va acompañado de un versículo o pasaje de la Escritura que te da un resumen bíblico de lo que naciste para hacer. Cuando Jesús estaba en la sinagoga en Nazaret donde fue criado y...

> "...Y se le dio el libro del profeta Isaías; y habiendo abierto el libro, halló el lugar donde estaba escrito: El Espíritu del Señor está sobre mí, Por cuanto me ha ungido para dar buenas nuevas a los pobres; Me ha enviado a sanar a los quebrantados de corazón; A pregonar libertad a los cautivos, Y vista a los ciegos; A poner en libertad a los oprimidos; A predicar el año agradable del Señor". (Lucas 4:17-19).

Después de sentarse, dijo: "Hoy esta escritura se cumple en su presencia" (versículo 21). Jesús tenía un pasaje que resumía cuál era su propósito.

Cuando me llegó una invitación para participar en el ministerio penitenciario, me sentí libre para hacerlo porque había mucho caos en la vida de los reclusos; ese ministerio fue consistente con mi propósito. Un ministerio al que asistí en América del Sur necesitaba estructura y propósito cuando me involucré por primera vez. Mi llamado a Orlando era venir y pastorear la iglesia porque necesitaba definición y propósito. Todas estas oportunidades ministeriales se ajustan a mi propósito de ayudar a estructurar vidas e instituciones que tienen poca o ninguna estructura. Ninguno de ellos vino porque los elegí. Cuando trabajo para crear orden a partir del caos, soy eficaz y tengo poder para lograr resultados. Se podría decir que cuando trabajo con el caos, siento que Dios se complace.

Sé que deseas esa misma claridad, pero obtenerla no siempre es un proceso fácil. Dirijamos nuestra atención ahora a algunos de los principales obstáculos que enfrentas al buscar tu declaración de misión o propósito.

Capítulo 5

Barreras en el Camino Hacia el Propósito

Encontrar tu propósito no siempre es fácil. Encontrar mi propio propósito surgió de un doloroso fracaso comercial. De hecho, el proceso puede ser tan difícil que muchos ni siquiera se molestan en buscarlo. Otros no quieren ser responsables de lo que encuentran. Aún otros no quieren ser restringidos porque disfrutan del "trabajo independiente", haciendo un poco de esto y un poco de eso. Veamos algunos de los obstáculos que puedes encontrar al buscar y aclarar tu propósito.

1. **No confundas "hacer carpas" con tu propósito.** Una vez le pregunté a una joven cuál era su propósito y ella respondió sin pensar: "Soy una secretaria". Rara vez desafío a alguien cuando expresa su propósito, pero trato de darles una perspectiva diferente para ayudarlos a verlo más clara y específicamente. Le dije a esta joven que no asumiera que su trabajo era su propósito. Como ella, seguramente tú estás realizando un trabajo que paga tus facturas, pero eso no significa que debas quitarte tu identidad. William Carey, el gran pionero misionero, dijo una vez: "Mi negocio es dar testimonio de Cristo. Hago zapatos para pagar mis gastos".

Si la gente le hubiera preguntado a Pablo cuál era su propósito, dudo que él hubiera respondido: "Soy un fabricante de carpas". Sí hizo tiendas de campaña, pero su propósito era predicar a los gentiles. Usó la fabricación de carpas para cumplir su propósito. Además, Pablo escribió 13 cartas en el Nuevo Testamento, pero no mencionó su oficio en ninguna de ellas. Lucas nos informó que Pablo hizo tiendas de campaña en Hechos, su relato histórico de la iglesia primitiva.

Nehemías no era mayordomo; Él fue el reconstructor de Jerusalén. Una vez que veas tu propósito, te ayudará a soportar un trabajo que incluso puede ser una fuente de frustración para ti, ya que es simplemente para financiar tu vida pero no define tu existencia. Tener una comprensión adecuada de tu propósito también evitará que sientas que no estás sirviendo al Señor solo porque trabajas en una posición secular.

La hermana de mi esposa es escritora. Cuando trabajaba para una revista cristiana hace años, tomó una evaluación estandarizada de los dones espirituales porque estaba tratando de aclarar su propósito. Los resultados de sus pruebas mostraron que era fuerte en misiones y hospitalidad (lo cual era una confirmación de lo que siempre había disfrutado hacer), y eso estimuló su pensamiento. Ella comenzó a preguntarse cómo podría cumplir su propósito como misionera mientras trabajaba en Alabama. El Señor pronto le mostró cómo servir a estudiantes universitarios de países extranjeros, y comenzó a apuntar específicamente a estudiantes de China continental.

Ella no se ve a sí misma principalmente como escritora, aunque así es como se gana la vida. Ella es una misionera y ha encontrado formas creativas, guiadas por el Espíritu, de hacer lo que nació para hacer. De hecho, hoy lidera una iniciativa que aborda la trata de personas y está marcando la diferencia en China, en toda Asia y en muchas otras partes del mundo. Ella usa su don de escritura para llevar a cabo su propósito de hacer que el mundo sepa sobre las personas oprimidas y perseguidas.

Las mujeres casadas son particularmente vulnerables a esta crisis de identidad porque tienden a extraer su propósito de sus actividades cotidianas y su rutina. La limpieza y la crianza de los niños pueden clasificarse en la categoría de "fabricación de carpas". Eso es lo que consume la mayor parte del tiempo de una ama de casa, pero ¿son esas actividades su propósito divino? Los hijos o el esposo de una mujer pueden ser llamados a su hogar en el cielo en cualquier momento. Si eso sucede, ¿Ha concluido su propósito?

Ana se encontró en esta misma situación en Lucas 2: 36-38. Estuvo casada durante siete años cuando murió su esposo. Pero su propósito no murió con él. En cambio, ella sirvió en el templo y "adoró día y noche, ayunando y orando". Ana tenía 84 años cuando María y José llegaron al templo. Ella ministró eficazmente y esperó a ver la esperanza de Israel. Las mujeres tienen un propósito antes de conocer a sus cónyuges y después de tener hijos.

Mi esposa disfruta el mundo de los negocios. Sin embargo, cuando nuestros hijos eran pequeños, ella se quedó en casa con ellos. Ella era entonces y sigue siendo una maravillosa madre y ama de casa, y la admiro mucho. Ella también era una gran esposa de pastor. Sin embargo, ella tiene un propósito que está más allá de nuestro hogar, y hoy se expresa a través de una línea de joyas que diseñó y ahora comercializa en todo Estados Unidos.

Se hizo obvio que su propósito no era aconsejar, enseñar o servir en la guardería de la iglesia el domingo porque cuando tenía que preparar una lección para enseñar, todos sufrimos mientras luchaba con eso. Pero el propósito de mi esposa yace en el mundo del arte y la creatividad. Mi trabajo como su "ayuda idónea" era despejar el camino para que ella pudiera cumplir su propósito como yo para cumplir el mío.

Su propósito llegó a casa claramente en un momento en que nuestros hijos eran pequeños. Tenía una idea de negocio y comenzó a aventurarse en el bosque, a traer a casa ramas de los viñedos y a formar coronas redondas y en forma de corazón de todos los tamaños. Una cosa llevó a la otra y, antes de que supiéramos lo que sucedió, ella recaudó casi $ 8,000 dólares en ventas anuales mientras trabajaba en su cocina haciendo coronas. Dios la ungió mientras ella funcionaba en su propósito, y hoy tiene una plataforma nacional para exhibir y vender su arte.

2. No subestimes tu habilidad para trabajar. La semana laboral de 40 horas es un fenómeno moderno, un producto de la tecnología, las negociaciones sindicales y la búsqueda moderna del ocio. Sin embargo, si trabajas en la energía y el poder de Dios mientras llevas a cabo tu propósito, ¡puedes hacer más de lo que creías posible! Puedes trabajar 16 horas al día y seguir siendo efectivo. En una ocasión, Pablo predicó toda la noche porque su propósito lo obligaba a moverse al día siguiente. Durante ese sermón, un joven se durmió y cayó al suelo desde el tercer piso porque Pablo predicó mucho tiempo (ver Hechos 20). Pero Pablo lo levantó y siguió funcionando en su propósito de predicar a los gentiles. Pablo escribió que soportó "en el trabajo duro, las noches en vela y el hambre" (2 Corintios 6: 5).

Hace años pastoreé una iglesia de 100 personas. Eso me mantuvo lo suficientemente ocupado, pero también me encontré sirviendo como administrador para una iglesia de 1,200. Además, tenía responsabilidades familiares y participé en varios proyectos de servicio comunitario. En medio de todo eso, me pidieron que considerara ser el administrador de otro ministerio sin renunciar a ninguna de las responsabilidades que ya tenía.

No había forma de que pudiera hacerlo todo, o eso pensaba. Comencé a buscar al Señor sobre mis muchos deberes y lo que debería eliminar. Una mañana me desperté con 1 Corintios 15:10 en mi mente. No sabía lo que decía ese versículo y no había estado leyendo Corintios últimamente. Fui directamente a la Biblia y encontré la respuesta a las preguntas que le había estado haciendo a Dios: "Pero por la gracia de Dios soy lo que soy; y su gracia no ha sido en vano para conmigo, antes he trabajado más que todos ellos; pero no yo, sino la gracia de Dios conmigo".

Discutiremos más eso cuando veamos el Principio de la Mina de Oro del "manejo del tiempo y la organización", pero aprendí a través de esa experiencia que realmente puedo hacer "todo en Cristo que me fortalece" (Filipenses 4:19). El Señor me estaba diciendo claramente que no habría menos que hacer. De hecho, aumentó mis deberes sin quitar nada. ¡Quería enseñarme cómo manejar una esfera ampliada!

Si Dios quiere que regrese a estudiar, por ejemplo, no

diga: "No puedo porque las clases son de noche y estaré lejos de mi familia". Cortará esto o aquello ir a clases. Es posible que le preocupe que no tendrá tiempo para estudiar, pero no lo sabrá con seguridad hasta que lo haga. En un momento de mi vida, estaba pastoreando una iglesia, viajando como coordinador de eventos de Worship International (Alabanza Internacional), sirviendo como director ejecutivo de la Fundación Julio Ruibal (un grupo de misiones estacionado en Colombia, América del Sur) y funcionando como presidente de la junta de Rivers of Living Water Prison Ministries (Ministerio de ayuda en prisiones Ríos de Agua Viva).

Al mismo tiempo, también estaba trabajando en mi doctorado en ministerio pastoral del Seminario Teológico Liberty en Houston, Texas. Fui asistente del jefe de exploradores de la tropa de Boy Scouts de mi hijo, y pude asistir a muchas de las actividades escolares de mi hija (y ella participó en bastantes).

A veces era difícil hacer malabares con todas esas actividades, pero todas salieron de mi propósito; sentí que Dios me había dirigido a cada una de ellas para poder crear orden a partir del caos. Sin embargo, para poder hacer todo bien, tuve que abandonar otras cosas. No había mucho tiempo para la televisión, por ejemplo, y no podía ver tantos eventos deportivos como lo había hecho anteriormente.

Fue difícil, pero se puede hacer. Si lo hice, tú también puedes, porque la misma gracia está disponible para ti. Echa un vistazo a 1 Corintios 3:13: "la obra de cada uno se hará manifiesta". La palabra "obra" es la palabra griega kopos. Literalmente significa "un latido del pecho con pena". También se traduce como "trabajo intenso unido con trabajo y problemas". Esto es lo que viene con el propósito: trabajar duro y con cierta dificultad, es lo que te mantendrá humilde y dependiente de Él.

Hace años, un número de la revista *Historia Cristiana* (*Christian History*) se dedicó a "La edad de oro de los himnos" y presentó artículos sobre los grandes escritores de himnos del pasado. Un párrafo en ese número capturó mi atención. Hablaba de William Cowper, quien compuso 68 himnos en su vida; John Newton, quien escribió 280; Philip Doddridge, que produjo casi 400; e Isaac Watts, quien escribió 697. ¡Charles Wesley, sin embargo, escribió 8,989 himnos!

Wesley no tenía una computadora portátil, iPad o teléfono inteligente. Escribió algunos de esos himnos a caballo mientras pasaba de un avivamiento al siguiente. Charles Wesley era un hombre que conocía su propósito. ¡Fue efectivo, trabajó mucho y duro y ha impactado a muchas personas durante más de 200 años!

John Wesley, hermano de Charles, es conocido como el fundador del movimiento metodista. Nuevamente, la revista *Historia Cristiana* (*Christian History*) nos da una idea del secreto de la efectividad de John Wesley al proporcionar esta cita de su diario:

> "Siendo este mi cumpleaños, el primer día de mi septuagésimo segundo año, estaba pensando: ¿Cómo es que encuentro la misma fuerza que hace treinta años? ¿Que mi vista ahora es considerablemente mejor y que mis nervios están más firmes que entonces? ¿Que no tengo ninguna de las enfermedades de la vejez y que he perdido varias de mi juventud? La gran causa es el buen placer de Dios, quien lo complace. Los medios principales son: 1, mi constante despertar a las cuatro a.m., durante unos cincuenta años: 2, mi predicación general a las cinco de la mañana, uno de los ejercicios más saludables del mundo: 3, nunca viajo menos, por mar o tierra, que cuatro mil quinientas millas al año".[5]

Luego se nos dice que "durante su ministerio, John Wesley recorrió más de 250,000 millas a caballo, una distancia igual a diez circuitos del globo a lo largo del ecuador. Predicó más de 40,000 sermones."[6]

No subestimes tu capacidad para trabajar. Permite que el Espíritu Santo sea liberado mientras llevas a cabo tu propósito.

Hay canciones por escribir, títulos por obtener, instrumentos musicales por tocar y nuevos idiomas por dominar. Si puedes ver esto como parte de tu propósito y encontrar una manera de liberar la gracia y el poder de Dios, ¡puedes hacerlo! ¡Serás efectivo!

3. **No persigas ni ores por el propósito que deseas o esperas tener.** Ese es un obstáculo serio para encontrar tu verdadero propósito. Las iglesias se destruyen a veces porque los pastores asociados o de apoyo quieren ser el pastor principal y el director juvenil quiere más responsabilidad. He visto a hombres y mujeres renunciar a sus trabajos porque sentían que los trabajos no eran lo suficientemente espirituales. Puedes sentir sinceramente que conoces tu propósito y sin embargo, estar sinceramente equivocado. La sinceridad no juzga la precisión.

Esto realmente le sucedió al apóstol Pablo. Mira Hechos 22:12-21:

> Vino a verme un tal Ananías, hombre devoto que observaba la ley y a quien respetaban mucho los judíos que allí vivían. Se puso a mi lado y me dijo: "Hermano Saulo, ¡recibe la vista!" Y en aquel mismo instante recobré la vista y pude verlo. Luego dijo: "El Dios de nuestros antepasados te ha escogido para que conozcas su voluntad, y para que veas al Justo y oigas las palabras de su boca. Tú le serás testigo ante toda persona de lo que has visto y oído. Y ahora, ¿qué esperas? Levántate, bautízate y lávate de tus pecados, invocando su nombre".
>
> Cuando volví a Jerusalén, mientras oraba en el templo tuve una visión y vi al Señor que me hablaba: "¡Date prisa! Sal inmediatamente de Jerusalén, porque no aceptarán tu testimonio acerca de mí". "Señor —le respondí—, ellos saben que yo andaba de sinagoga en sinagoga encarcelando y azotando a los que creen en ti; y, cuando se derramaba la sangre de tu testigo[a] Esteban, ahí estaba yo, dando mi aprobación y cuidando la ropa de

quienes lo mataban". Pero el Señor me replicó: "Vete; yo te enviaré lejos, a los gentiles"

¿Qué estaba haciendo Pablo en Jerusalén? Creo que estaba siguiendo el propósito que quería o esperaba tener. Parafraseando a Pablo, decía: "Dios me va a enviar a mi pueblo, los judíos. Soy un judío. Ya estoy aquí en el templo. Todos saben que perseguí a los discípulos. Sabrán que algo sucedió en el camino. Ya ves, Señor, esto es lo que quiero hacer por ti. Aquí es donde puedes usarme mejor y tiene más sentido para mí. Y, por cierto, aquí también es donde me siento más cómodo".

Dios le respondió que se quedará allí, y que le costaría involucrarse en un propósito o búsqueda no ordenada por Dios. Estarás ocupado pero no serás efectivo. Como se dijo anteriormente, Proverbios 28:19 dice: "El que se esfuerza en su trabajo tiene comida en abundancia, pero el que persigue fantasías termina en la pobreza". Tienes una parcela de tierra para trabajar y se llama propósito. Te pertenece a ti y solo a ti. Si lo trabajas, Dios te dará todo lo que necesitas para hacer el trabajo. Cualquier otro campo es una fantasía para ti y te atrapará en un infructuoso ajetreo.

Cuando oro por cosas relacionadas con mi propósito, obtengo resultados. El Señor me ha dado autos, teléfonos, computadoras portátiles, libros, oportunidades de viaje, visión espiritual y mucho más porque los necesito para labrar mi "tierra". Cuando he perseguido "fantasías" (como la oportunidad comercial equivocada o las visitas al hospital), solo me siento frustrado.

Cuando ingresé al ministerio, era uno de los miembros más jóvenes de un equipo de 20 hombres a tiempo completo. Recuerdo haber pensado que 19 hombres se pararon frente a mí antes de que pudiera tener la oportunidad de ministrar. En 11 años, rara vez pude predicar; pero sinceramente, no habría tenido mucho que decir. Ese "campo" no era mío. Un día estaba leyendo el periódico local y vi un anuncio para una reunión del Consejo de Relaciones Públicas de Alabama (PRCA por sus siglas en inglés). Las palabras saltaron hacia mí y sentí que el Espíritu Santo decía: "Ve a esa reunión. Ese es tu campo".

Créeme, me sentiría incómodo conmigo mismo. En mi mente, tenía un escenario completo de lo que sucedería en el momento en que entrara por la puerta; Sin embargo, sabía que Dios me estaba diciendo que fuera, así que fui.

La primera persona que me vio y se dio cuenta de que era un visitante se me acercó y se presentó. Cuando le dije mi nombre y que estaba en una iglesia local, ella inmediatamente trató de ocultar su cigarrillo y dejó su bebida. No sé quién se sintió más incómodo si ¡ella o yo! ¡Esa tarde le dije al Señor que esto no iba a funcionar! Pero el Señor no cedería. Pasaron tres o cuatro meses antes de que "me convenciera" de que volviera.

Comencé a ir a la reunión de este grupo de manera regular y me dediqué a trabajar en ese "campo". Eventualmente me convertí en presidente del grupo local y luego en miembro de la junta directiva estatal. A lo largo de los años, tuve la oportunidad de aconsejar y orar por muchos de los miembros, y cuando concursé con la revista de nuestra iglesia en una competencia estatal patrocinada por esta organización, ¡ganó el primer lugar!

Cuando salí de esa iglesia para realizar otra labor pastoral fuera del estado, envié a los miembros locales de la PRCA (Consejo de Relaciones Públicas de Alabama) invitaciones a mi servicio de despedida. Algunos de ellos vinieron y me escucharon predicar. Cada vez que hacía algo por esa organización, el poder de Dios era evidente. No había poder en mi para ministrar en mi iglesia, ese no era mi campo. El PRCA (Consejo de Relaciones Públicas de Alabama) era mi campo y daba muchos frutos. Con la ayuda del Señor, pude funcionar en mi propósito de crear un orden a partir del caos en esa situación.

Como se mencionó anteriormente, Dios está trabajando hoy como lo hizo en el tiempo de Daniel. Él quiere enviarte a los Nabucodonosores de tus días. Nabucodonosor fue probablemente un idólatra malhumorado y vulgar. Es sorprendente que Dios fue quien envió a Daniel a trabajar con ese rey. El propósito de Daniel no se cumplió al cumplir los requisitos de la ley en Jerusalén. Daniel era un hombre justo, pero su propósito se cumplió en Babilonia. Se convirtió en el jefe de los sabios de Babilonia.

¿Te imaginas cómo fueron las reuniones de negocios de Daniel? ¿Puedes verlo a la cabeza de la mesa conduciendo la reunión? Quizás la reunión fue algo como esto: "Muy bien, ahora tendremos nuestro informe de los adivinos. Y a continuación, escuchemos a los astrólogos. ¿Qué está pasando en tu esfera? ¿Qué está pasando aquí con los adivinos y qué dicen los sabios de Babilonia? Daniel tuvo que soportar la maldad, la necedad, el pecado y los hombres malvados. Pero ahí es donde Dios lo puso. Se destacó en medio de todo y fue exaltado. Después de que todos dieron sus informes, Daniel pudo dar los suyos y les habló del único Dios verdadero. Quizás algunos escucharon y respondieron a la Verdad.

Desarrollé el seminario "*La Vida es una Mina de Oro*" (*Life Is a Gold Mine*) en 1985 y lo presenté en congregaciones de todo el país. Fue bien recibido y parecía ungido, pero de repente las invitaciones dejaron de llegar. No volví a enseñar el seminario durante varios años. Cuando comencé a enseñarlo de nuevo, ¡era para los reclusos! Tal vez las invitaciones habían dejado de llegar porque estaba enseñando en esos primeros años por ego y orgullo. Era un gran maestro que finalmente estaba teniendo su oportunidad, o eso pensaba.

El seminario me fue restaurado cuando me di cuenta de que el Señor me lo dio para ayudarme a cumplir mi propósito. El libro "*La Vida es Una Mina de Oro*" me fue dado para crear el orden a partir del caos, no para inflar mi saludable ego. Cuando entendí eso, pude volver a la tarea de enseñar a otros sobre el propósito.

4. **Actitudes equivocadas**. Es muy fácil distraerse en el mundo de hoy. La atracción del dinero, el éxito y el materialismo pueden evitar que te dediques a tu propósito.

Tengo un amigo que pastoreaba y él era un buen pastor. Tenía posición, influencia y lo que la mayoría consideraría un ministerio exitoso. Sin embargo, había algo que lo roía y que no podía evitar. No sentía que pastorear era su propósito.

Finalmente abandonó el ministerio pastoral y se dedicó a la música. Comenzó a escribir canciones en serio y hoy viaja por el mundo, ministrando canciones y enseñando a otros a adoptar un estilo de vida de adoración.

Antes de que mi amigo pudiera entrar en su propósito, tuvo que renunciar a una vida cómoda como pastor. Otro pastor me dijo una vez que no dejaría el pastorado porque perdería su pensión. No estoy seguro de que esa fuera una razón adecuada para permanecer allí. Como mencioné anteriormente, tu eres asalariado si trabajas por dinero, sin importar cuál sea tu trabajo. Debes trabajar para ayudar a establecer y fortalecer el Reino de Dios donde sea que Él te envíe. Tu provisión es Su responsabilidad. Él se ha comprometido a proveerte en cualquier situación.

No permitas que el dinero, el orgullo, el éxito, el miedo, la aclamación de los hombres o el éxito del ministerio te impidan cumplir tu propósito. Una actitud correcta es esencial si quieres encontrar tu misión. Cuando la encuentres, toma los pasos necesarios para llevarla a cabo.

5. **No te concentres en tu propósito a expensas de tu relación con el Señor.** En Hechos 13, Saulo finalmente fue liberado a los gentiles. Hechos 13:2 dice: "El Espíritu Santo dijo: 'Apártenme a Bernabé y a Saulo'" (énfasis añadido). La frase griega "apártenme" está en la voz media, que puede denotar que alguien está haciendo algo por sí mismo. La voz media en este versículo denota que el Espíritu Santo los estaba llamando a su propósito al llamarlos a Sí mismo. Tu propósito nunca debe tener mayor importancia que tu relación con el Señor. Si es así, Él te resistirá hasta que tus prioridades sean correctas.

Pablo entendió esto y escribió al respecto a la iglesia de Filipo

> Pues, para mí, vivir significa vivir para Cristo y morir es aún mejor. Pero si vivo, puedo realizar más labor fructífera para Cristo. Así que realmente no sé qué es mejor. Estoy dividido entre dos deseos: quisiera partir y estar con Cristo, lo cual sería mucho mejor

para mí; pero por el bien de ustedes, es mejor que siga viviendo. (Filipenses 1:21-24).

Tan importante como fue la misión de Pablo, él estaba listo para dejarla para estar con el Señor, porque eso era "mejor". Estaba contento de quedarse porque era útil para muchos, pero estaba listo para dejarlo en cualquier momento. Esa actitud le permitió a Pablo ser aún más efectivo, ya que su enfoque estaba en el Señor y no en el ministerio o la gente.

Dios no te necesita. Él, sin embargo, elige usarte. ¡No te tomes demasiado en serio a ti mismo! Después de todo, Dios le habló a Balaam a través de una burra, y Él puede recibir elogios de las rocas si así lo desea. Toma a Dios en serio y desarrollarás un estilo de vida efectivo. Tómate a ti mismo demasiado en serio y estarás ocupado pero no serás efectivo.

Si estás atento a estos obstáculos, tu viaje en el camino para definir claramente tu propósito será sencillo. En el próximo capítulo, veremos algunos pasos simples que te ayudarán a escribir tu declaración de propósito.

Capítulo 6

Pasos Para Ayudar a Definir Tu Propósito

Ya hemos visto Proverbios 25:2, que dice: "Gloria de Dios es encubrir un asunto; Pero honra del rey es escudriñarlo ". Eres un hijo de Dios Rey, y eso te hace realeza. Parte de tu herencia real es buscar las cosas que Dios ha decidido ocultar.

Richard Bolles escribió,

"El enigma de descubrir cuál es tu misión en la vida, probablemente llevará algún tiempo. No es un problema a resolver en un día y una noche. Es un proceso de aprendizaje que tiene pasos, muy parecido al proceso por el cual aprendimos a comer. De bebé no abordamos la comida para adultos de inmediato".[7]

Dado que descubrir tu propósito es un proceso, es útil considerar las siguientes preguntas y pasos para ayudar a aclarar tu propósito. Cuando quede claro, entonces comprométete de todo corazón a perseguirlo. Esa es la única forma en que serás realmente efectivo.

1. ¿Qué hacías cuando eras niño que ya no haces y que ahora te da la mayor alegría? Una mujer en Kenia respondió a esta pregunta con la actividad de tejer. Comenzó a tejer nuevamente a la edad de 33 años, comenzó a hacer regalos para amigos que otras personas querían comprar y hoy tiene el trabajo que odiaba cuando niña, pero que se convirtió en un negocio de regalos que ahora tiene cuatro empleados.

2. Haz una lista de las cosas que has hecho que fueron fáciles o aparentemente insignificantes y por las cuales la gente

te ha felicitado. Tu propósito puede ser tan natural que asumas que todos ven la vida como tú o que pueden hacer lo que haces tan bien. Por lo general, ese no es el caso, porque tu propósito hará que ciertas cosas te salgan naturalmente, pero no a la mayoría de las personas.

3. Identifica los versículos de las Escrituras y los personajes de la Biblia que son más significativos para ti. Escríbelos todos y mira si hay un patrón. Por ejemplo, David siempre ha sido especial para mí, debido al precio que pagó para sacar a su propia gente del caos al orden.

4. Reflexiona sobre las primeras palabras o revelaciones que tuviste del Señor, ya que a menudo contienen pistas sobre tu propósito. Mi primera revelación fue una llamada al "servicio a tiempo completo". Hoy me doy cuenta de que "tiempo completo" era una pista de la naturaleza ocupada de mi trabajo y no del ministerio pastoral.

5. Lee mis otros libros sobre el tema del propósito: Escribí el libro "Propósito de los iones, para que pueda conocer el suyo"; "Desbloqueo del poder del propósito"; "Una cadena de perlas: sabiduría para personas productivas" o "El precio del liderazgo: pagar el precio para ser un gran líder". También puede visitar mi sitio www.stankomondaymemo.com , que tiene cientos de actualizaciones semanales sobre "propósito" que he estado escribiendo desde 2001.

6. Visita mi sitio web www.purposequest.com , que tiene mucho material gratuito para ayudarte a identificar y comprender tu propósito.

7. ¿Qué es lo que haces que cuando lo haces, "sientes que Dios se complace"? ¿Qué te da la mayor emoción en la vida o el trabajo? Aún con agotamiento, para qué era lo que te quedaba energía para hacer?

8. Toma todo este material y trabaja en una declaración de propósito y resúmelo en una oración. Te volverás más y más efectivo a medida que te esfuerces por hacer lo que sea necesario para cumplir este propósito con excelencia.

También puedes consultar la sección de Covey sobre cómo escribir una declaración de misión personal (páginas 106-109 y 128-130). Para ayudarte a visualizar aún más una declaración de misión, he incluido un borrador propio. Puedes estructurar el tuyo de manera diferente, pero lo comparto con la esperanza de que te estimule a escribir uno desde tu propia comprensión y experiencia.

MI DECLARACIÓN PERSONAL

Entregué mi vida a Jesucristo el 18 de mayo de 1973. Al día siguiente recibí Su llamado a "dar mi vida al servicio a tiempo completo". A partir de eso, me he dado cuenta de que mi propósito en la vida es crear orden a partir del caos donde sea que el Señor decida plantarme usando Génesis 1:2 como mi guía: "Y la tierra estaba desordenada y vacía, y las tinieblas estaban sobre la faz del abismo, y el Espíritu de Dios se movía sobre la faz de las aguas". Como el Espíritu estuvo presente para crear orden a partir del caos, recurriré a la sabiduría, el poder y los dones del Espíritu Santo para hacer lo mismo. Para lograr esto, me comprometo a:

1. Ser quien da y no quien recibe (ver Marcos 10:45).
2. Producir más de lo que uso (ver Hebreos 5: 11-14).
3. Servir primeramente a otros antes que a mí (ver Filipenses 2: 19-24).
4. Ser un ejemplo de trabajo duro y diligencia (vea 1 Corintios 15:10).
5. Usar mi temperamento como el regalo de Dios que es (vea Nehemías 8:10).
6. Dirigir con compasión y seguir instrucciones con humildad (ver 1 Pedro 5: 2-4).
7. Continuar estudiando y aprendiendo hasta que muera (vea Salmos 119: 18).

8. Caminar financieramente en fe (ver Hebreos 10: 35-39).
9. Ser una fuente de sabiduría piadosa (lee el libro de Proverbios).
10. Invertir todo lo que pueda en la vida de los demás (ver 1 Tesalonicenses 5:14).
11. Ser un ejemplo de orden y disciplina (ver 1 Corintios 14:33 y 2 Timoteo 1: 7).
12. Usar la Palabra de Dios como mi guía para la vida y la muerte (ver 2 Timoteo 3:16).
13. Ayudar a cada miembro de mi familia a encontrar su propósito (ver Proverbios 22: 6).

Estas 13 declaraciones representan los valores que me gobiernan. Los he escrito y definido (para saber más sobre esos valores principales vea el Capítulo 21) y van de la mano con mi propósito y me dicen cómo cumplirlo. Puedes encontrar un documento en mi sitio web para ayudarte a escribir tu propio conjunto de valores. Cuando cerremos esta primera sección, no tengas prisa por seguir adelante. En cambio, quédate un poco más en esta sección para ver hasta dónde llegas a encontrar ese llamado que se convierte en tu propósito de vida. Cuando hayas terminado, será hora de pasar al próximo Principio de la Mina de Oro, que es el concepto de "creatividad".

PRINCIPIO DE LA MINA DE ORO #2

CREATIVIDAD

Excavando en Nuevos Lugares

"Cuando formaba los cielos, allí estaba yo; Cuando trazaba el círculo sobre la faz del abismo; Cuando afirmaba los cielos arriba, Cuando afirmaba las fuentes del abismo; Cuando ponía al mar su estatuto, Para que las aguas no traspasasen su mandamiento; Cuando establecía los fundamentos de la tierra".
— Proverbios 8:27-29

Capítulo 7

Eres Creativo...
¡Y Yo También!

La gente a menudo pregunta: "¿Puede cambiar tu propósito?" o "¿Puedes tener más de un propósito?" Siempre respondo "No" a ambas preguntas. Hace unos años, sin embargo, mi declaración de propósito cambió. Mi propósito no cambió, pero mi declaración sí. Primero, afirmo que no puedes tener más de un propósito; Entonces digo que mi propósito cambió. ¿Estoy confundido? ¿He cambiado de opinión? La respuesta a ambas preguntas es "no", pero deja que te explique y tú decides por ti mismo.

Durante muchos años, dije que mi propósito era "crear el orden a partir del caos". Entonces, un día, mientras conducía en Zimbabwe, tuve una especie de epifanía. Me di cuenta de que esta definición no era correcta. No era tanto que la definición fuera incorrecta, pero la forma en que interpreté mi propósito, lo fue. En ese fatídico día de 2003, me di cuenta de que no "saco el orden del caos", sino que "creo el orden a partir del caos". Caí en cuenta de que soy una persona creativa y, por lo tanto, mi declaración debería ser [como lo ha sido desde entonces], "creo orden a partir del caos".

En las dos primeras ediciones, utilicé las palabras traer y hacer, pero si regresas y miras en la Sección Uno, verás que la palabra crear aparece con cada mención de mi declaración de propósito. ¡Qué diferencia ha hecho una palabra en el trabajo de mi vida!

Hasta ese momento en Zimbabwe, siempre me había visto como una persona organizada de tipo administrativo. Vi a músicos, compositores y poetas como personas creativas, mientras yo existía para organizar su creatividad. Ese día, vi que mi capacidad para poner orden es, en sí misma, un acto creativo. Estaba definiendo mi propósito de acuerdo con algo que no podía ver. Cuando vi, me di permiso para ser creativo, permiso para considerarme creativo. Esa decisión cambió la forma en que definí mi propósito y cambió mi vida. Esto es tan importante, que ahora he editado los Principios de la Mina de Oro para dar cabida a su nuevo miembro, a saber, la "creatividad".

Saca un pedazo de papel y escribe todas las formas en que eres creativo. No pases por alto actividades como cocinar, hornear, jardinería, diseño floral, escritura de cartas, enseñanza, limpieza, trabajos de reparación, diseño de interiores o maquillaje y peinado. Para ayudarte más con esto, considera los siguientes hechos:

- No quiero ser ofensivo, pero fuiste creado para crear otros seres humanos. Cuando alcanzas la madurez y te casas, en la mayoría de los casos debes tomar precauciones para limitar tu creatividad, tu descendencia.

- Los científicos nos dicen que cada siete años tenemos un conjunto totalmente nuevo de células en nuestro cuerpo. Nuestras células se dividen y crean constantemente nuevas células.

- Una de las primeras cosas que hice cuando regresé a casa recientemente fue cortarme el pelo. En la mayoría de los casos, tu cuerpo está creando cabello, uñas y bigotes nuevos (solo hombres, espero) a diario.

- Tu cuerpo está creando constantemente lo que necesita para continuar con la vida. ¡Tu estómago crea jugos gástricos, las glándulas sudoríparas producen sudor y tus oídos crean cera!

- ¿Qué sucede cuando te vas a dormir? Tú creas

sueños; eres una "máquina de sueños". Por cada ocho horas que duermes, sueñas casi dos horas. Tu mente está constantemente creando escenarios simbólicos del sueño que te ayudan a mantener tu equilibrio psicológico.

- Todos los días creas pensamientos e ideas; también sueñas despierto, creando escenarios potenciales con tu rol en ellos.
- Hablas todos los días, uniendo palabras e ideas de manera creativa. Alguien dijo que hay una buena posibilidad de que pronuncies una oración hoy que nunca se ha pronunciado en la historia del mundo.

En la Sección Uno, vimos tus huellas digitales como una metáfora para el propósito de tu vida. Esas mismas huellas digitales también son una expresión de tu capacidad creativa única. Cuando tocas las cosas creativamente, dejas una marca que te separa de los demás en la historia, tal como es para el propósito de tu vida.

> **Pepita de Oro #6**
>
> "Jehová con sabiduría fundó la tierra; Afirmó los cielos con inteligencia. Con su ciencia los abismos fueron divididos, Y destilan rocío los cielos."
> –Proverbios 3:19-20

Sin siquiera intentarlo, eres naturalmente un ser creativo, pero puedes estar obstaculizando tu propia tendencia a crear, y tu problema es el que yo tuve: cómo pensaba sobre mí mismo. Se te ha condicionado para creer que no eres creativo, por lo que es posible pasar por la vida pensando que no lo eres y, en consecuencia, no crear o reconocer cuando lo eres.

Unas semanas antes de ver este cambio, me dirigía a Uganda con un equipo de mi ciudad natal. En el avión, el líder del equipo me pidió que completara un formulario que describiera mis metas y objetivos para el viaje. Luego me pidió que hiciera algo que normalmente me asustaría: me pidió que dibujara cuatro dibujos en el reverso del papel para representarme antes, durante y después del viaje.

De hecho, sentí mi cuerpo endurecerse cuando ella me pidió que dibujara esas imágenes, porque "no puedo dibujar", o eso pensé. Justo allí, en el avión, decidí enfrentar mi miedo a ser ridiculizado o no ser muy bueno, y procedí a dibujar cuatro imágenes bastante simples pero efectivas. Eran las primeras cuatro imágenes que dibujé de adulto, que podía recordar.

Luego saqué una hoja de papel y enumeré todas las áreas en las que podría ser considerado creativo. Así es como se lee mi lista: "humor, consultoría, coordinación de conferencias y eventos, *Mi Escrito del Lunes* (*The Monday Memo*) (he escrito casi 800 Memos semanales en 16 años), mis estudios bíblicos semanales (en nueve años, escribí un devocional para los 8,000 versículos en el Nuevo Testamento), mis libros (28 al momento de escribir este artículo), hablar en público, mi lista diaria de tareas, mi sitio web y blog, los seminarios que enseño, las charlas en público que hago y los dos negocios que he comenzado". Todos estos son acciones creativas, ¡por lo tanto, yo soy creativo! Creo orden a partir del caos.

> **Pepita de Oro #7**
> "La mujer sabia edifica su casa;
> más la necia con sus manos la derriba..."
> – Proverbios 14:1

Estoy describiendo mi viaje a la conciencia de la creatividad para mostrar que tú también eres creativo. El Creador te hizo a Su imagen y parte de esa imagen es crear. Puede que no te veas a ti mismo como creativo, pero lo eres. Es posible que no tengas ideas originales que nunca hayan existido en la historia de la humanidad (¿quién lo hace?), Pero probablemente tengas ideas sobre cómo aplicar creativamente conceptos que ya existen, de nuevas maneras.

Cuando crees que no eres creativo, no producirás o no reconocerás tu creatividad por lo que es. Durante muchos años, me vi a mí mismo como "solo" un administrador que hizo las cosas. Ahora me veo como un administrador que creativamente hace las cosas. Ese ligero cambio de pensamiento y expresión, cambió mi vida y liberó mi creatividad.

También digo esto para ayudarte a superar cualquier sesgo que puedas tener contra tu creatividad. Deja de compararte con los demás y no compares lo que creas con lo que otros crean. Deja que fluya tu creatividad, tal como lo hice con mis cuatro dibujos. Tu creatividad puede tener una clave para ayudarte a aclarar tu propósito.

Un Dios creativo te creó para ser creativo, como se explicó anteriormente. La creatividad está programada en el tejido mismo de tu ser y expresas tu creatividad todos los días de muchas maneras. Para probarlo más, regresemos al principio, y eso sería en los primeros relatos de la creación del hombre en el libro de Génesis. En el proceso, desarrollaremos lo que yo llamo una teología de la creatividad.

Capítulo 8

El Zoológico de Adán

Siempre se especula mucho sobre los comienzos del hombre y cómo surgió la creación. Dios consideró apropiado solo darnos 10 capítulos de explicación de lo que sucedió, y es por eso que lo llamamos el libro Génesis, que significa "punto de partida". Si bien esos diez capítulos no contienen todo lo que nos gustaría saber, contienen mucho de lo que necesitamos saber. El relato de Génesis proporciona la mejor explicación de quién es el hombre, por qué Dios lo creó, cuál era su intención para la creación, qué salió mal y la solución de Dios para el problema.

Hay cinco características de la existencia del hombre, tal como las veo, que se establecieron y demostraron en Génesis. Vamos a considerarlos en el orden de su aparición.

1. La comunión con Dios. Adán tuvo una relación con el Señor donde hablaron abierta y regularmente: "Y los bendijo Dios, y les dijo . . .". (Génesis 1: 28a). Esta no fue la excepción, sino la regla y Dios continuó hablando y revelando Su voluntad a lo largo del relato de la Creación.

2. Propósito. Lo primero que Dios le dijo a Adán fue sobre su propósito. Algunos lo llaman el mandato de dominio, pero lo veo como una declaración de propósito: "Luego Dios los bendijo con las siguientes palabras: Sean fructíferos y multiplíquense. Llenen la tierra y gobiernen sobre ella. Reinen sobre los peces del mar, las aves del cielo y todos los animales que corren por el suelo". Adan tenía una tarea asignada y no era ser un jardinero perpetuo o agricultor. Era supervisar la expansión y cuidar la magnífica creación de Dios.

3. Creatividad. Adán fue creado por Dios para ser creativo y somos los hijos de Adán. Después de que Dios creó a Adán, lo invitó a entrar en el proceso creativo nombrando a los animales: "Jehová Dios formó, pues, de la tierra toda bestia del campo, y toda ave de los cielos, y las trajo a Adán para que viese cómo las había de llamar; y todo lo que Adán llamó a los animales vivientes, ese es su nombre. Y puso Adán nombre a toda bestia y ave de los cielos y a todo ganado del campo" (Génesis 2: 19-20). Adán decidió cómo se llamarían los animales; Era una expresión de su dominio creativo en el Jardín. Hablaremos más sobre esto un poco más tarde.

4. Trabajo en equipo. Una vez que Adán vio que ninguno de los animales era un asistente y ayuda idónea, Dios lo hizo dormir profundamente y creó a Eva: Entonces Jehová Dios hizo caer sueño profundo sobre Adán, y mientras éste dormía, tomó una de sus costillas, y cerró la carne en su lugar. Y de la costilla que Jehová Dios tomó del hombre, hizo una mujer, y la trajo al hombre". (Génesis 2: 21-22). Este acto creó el primer equipo de trabajo / propósito, y debía repetirse una y otra vez a medida que Dios juntaba equipos para cumplir Sus propósitos.

5. Descanso. Dios dirigiría el trabajo de Adán y Eva a través de su comunión continua con ellos y luego descansarían de sus labores y reflexionarían para mantener la perspectiva adecuada de quiénes eran y quién era Dios. Más tarde, Jesús nos dijo que este día de descanso, llamado sábado (Sabbath), no era por el bien de Dios sino por el del hombre. Los judíos entendieron erróneamente este concepto, y lo mismo hacen los creyentes el día de hoy.

Ahí tienes los cinco conceptos que se instituyeron en el comienzo de la creación del hombre. Sin embargo, todos sabemos lo que sucedió justo después de eso, y ocurrió en Génesis 3 cuando Adán y Eva decidieron romper su acuerdo con Dios (algunos lo llaman un pacto) e hicieron un nuevo trato con su nueva mejor amiga, la serpiente. Cuando hicieron ese trato y comieron del árbol del conocimiento del bien y del mal, tenemos lo que los teólogos llaman "la Caída".

La caída fue cataclísmica en sus efectos, y estropeó

cada uno de los cinco conceptos que acabamos de describir. Si bien estropeó la comunión con Dios, el propósito, la creatividad, el trabajo en equipo y el descanso, la Caída no los eliminó. Simplemente los sacó del rumbo y los pervirtió en su esencia. La caída podría compararse con un virus informático que finalmente se abrió paso a través del sistema operativo del hombre y corrompió todos los archivos. La computadora aún funcionaba, pero no como Dios quería. La caída sigue siendo el mayor problema de la humanidad hoy en día, ya que continúa causando estragos en el orden y el plan previstos por Dios.

Ten en cuenta que los cinco conceptos no desaparecieron después de la caída. Dios seguía hablando con Adán y Eva, por lo que todavía había comunión. Adán y Eva todavía tenían un propósito, pero tendrían que trabajar mucho más para obtener los resultados que deseaban, y eso afectaría su capacidad de descansar. Su relación entre ellos también se vio afectada, y alguien señaló que Adán y Eva no solo se estaban escondiendo de Dios después de la Caída, ¡se estaban escondiendo el uno del otro! Y Adán y Eva seguían siendo creativos, pero a medida que avanza el libro de Génesis, vemos que la creatividad de la humanidad se aplica cada vez más de manera rebelde. Esa rebelión creativa es hoy una revolución en todo el sentido de la palabra.

> **Pepita de Oro #8**
>
> Pon la mirada en lo que tienes delante; fija la vista en lo que está frente a ti. Endereza las sendas por donde andas; allana todos tus caminos. No te desvíes ni a diestra ni a siniestra; apártate de la maldad. — Proverbios 4:25-27

Dios no se vio obstaculizado por este revés, y aunque les explicó a Adán y Eva las consecuencias de lo que habían hecho, hizo una promesa de que actuaría para revertir la maldición que había sido instituida por la caída cuando le dijo a la serpiente: "...Por cuanto esto hiciste, maldita serás entre todas las bestias y entre todos los animales del campo; sobre tu pecho andarás, y polvo comerás todos los días de tu vida. Y pondré enemistad entre ti y la mujer, y entre tu simiente y la simiente suya; ésta te herirá en la cabeza, y tú le herirás en el calcañar. A la mujer dijo: Multiplicaré en gran manera los dolores en tus preñeces; con dolor darás a luz los hijos; y tu deseo será para tu marido, y él se enseñoreará de ti". (Génesis 3: 15-16). Esta declaración es en realidad la primera vez que se predicó el evangelio o las buenas nuevas de Cristo, porque Dios prometió que enviaría a alguien para restablecer el orden que pretendía en Génesis 1 y 2.

Hoy sabemos que este "alguien" fue Jesús, el segundo Adán, que dio su vida para hacer lo que el primer Adán no hizo: obedecer a Dios por completo. Pablo nos dijo en Colosenses 1: 16-20,

> Porque en él fueron creadas todas las cosas, las que hay en los cielos y las que hay en la tierra, visibles e invisibles; sean tronos, sean dominios, sean principados, sean potestades; todo fue creado por medio de él y para él. Y él es antes de todas las cosas, y todas las cosas en él subsisten; y él es la cabeza del cuerpo que es la iglesia, él que es el principio, el primogénito de entre los muertos, para que en todo tenga la preeminencia; por cuanto agradó al Padre que en él habitase toda plenitud, y por medio de él reconciliar consigo todas las cosas, así las que están en la tierra como las que están en los cielos, haciendo la paz mediante la sangre de su cruz.

Cristo vino a reconciliar todas las cosas con el Padre a través de Su sangre derramada en la cruz. Pablo no dijo la mayoría de las cosas, o algunas cosas, sino todas. ¿Qué se incluiría en "todas las cosas"? Sostengo que los cinco conceptos descritos anteriormente deberían estar enumerados entre "todas las cosas". El problema es que la Iglesia ha restringido su trabajo de reconciliación con una de "todas las cosas", y esa es, la comunión con Dios. Si vienes a Jesús, tus pecados serán perdonados y tienes acceso a Dios. Eso es ciertamente verdadero e importante, pero

¿qué pasa con el propósito? ¿Qué hay de la creatividad? ¿Qué pasa con el trabajo en equipo y el descanso? ¿Cuántos mensajes has escuchado alguna vez predicado sobre esos temas?

El punto es que Dios está preocupado no solo por tu relación con Él, sino también por lo que harás después de estar debidamente relacionado. Él quiere que tengas un propósito, que te involucres con otros en los equipos de trabajo y ministerio, y que aprendas a descansar mientras confías en Su provisión a medida que cumples tu propósito. Él también quiere que te vuelvas a conectar con tu creatividad y bajo Su supervisión, le permitas expresarse de manera que glorifique a Dios y satisfaga tu profunda necesidad de ser creativo a propósito.

Con demasiada frecuencia, hemos identificado solo músicos, compositores, poetas y escritores como creativos, y de hecho son creativos. Esas expresiones, sin embargo, son solo algunas de las expresiones creativas que están disponibles para los hijos de Adán. Como hicimos en el capítulo anterior, aquí hay algunas expresiones creativas adicionales que están disponibles para ti:

Crianza de los hijos: la crianza de un niño requiere una creatividad tremenda mientras le enseñas, entrenas, entretienes y disciplinas a cada niño de acuerdo con su personalidad y necesidades.

Escritura a mano: ¿tienes una hermosa escritura a mano? Entonces deja de usar la computadora. Usa tu talento creativo y artístico para comunicarte con tu propia escritura.

Diseño de modas: Puede que te guste el color o la moda. Sé creativo y adorna tu cuerpo, la creación de Dios, de una manera distintiva y única para ti.

Reparaciones: se necesita creatividad no solo para inventar o diseñar algo, sino para mantenerlo en funcionamiento. Tu capacidad para leer un manual y luego arreglar algo es una expresión de tu creatividad.

Jardinería: ¿te gustan las flores? ¿Te gusta cultivar verduras? Entonces planta para la gloria de Dios y hazlo con tu estilo y gracia. Si no siembras las semillas, ¡no crecerán! Así que únete al proceso creativo y haz lo que Adán y Eva hicieron en el jardín. (¡No te olvides de arrancar la maleza también!)

Manejo del tiempo— ¿Puedes organizar tu tiempo y actividades? Eso requiere creatividad. ¿Puedes ayudar a otros a organizarse? Eso requiere aún más creatividad. Veremos más de cerca el manejo del tiempo en la Sección Cuatro.

Resolución de problemas: ¿Enfrentas nuevos problemas y aplicas sabiduría y soluciones atemporales? Entonces no solo eres organizado o eficiente. ¡Eres creativo!

Espero que te hagas una idea. Como Adán, eres creativo y Dios lo quiere. Pero también de alguna manera depende de ti para expresar Su creatividad en la vida cotidiana. Deja de decir que no eres creativo, ¡lo eres! He reunido una lista de expresiones creativas de estudios anteriores sobre creatividad y esa lista está publicada en mi sitio web. Dale un vistazo a esa lista y mira cuántas expresiones están presentes en tu vida y establece de una vez por todas tu actitud hacia tu propia creatividad.

Capítulo 9

Creatividad del Antiguo Testamento

A medida que continuamos desarrollando una teología de la creatividad, vemos en Génesis después de la Caída que las expresiones creativas del hombre continuaron, incluso se volvieron cada vez más egocéntricas y menos dirigidas hacia Dios. La excepción, por supuesto, fue Noé, quien construyó un magnífico barco a partir de los planos de Dios. Después del Diluvio y en Génesis 10, leemos acerca de un hombre llamado Cus, que era un poderoso emprendedor y constructor del reino:

> Y Cus engendró a Nimrod, quien llegó a ser el primer poderoso en la tierra. Este fue vigoroso cazador delante de Jehová; por lo cual se dice: Así como Nimrod, vigoroso cazador delante de Jehová. Y fue el comienzo de su reino Babel, Erec, Acad y Calne, en la tierra de Sinar. De esta tierra salió para Asiria, y edificó Nínive, Rehobot, Cala, y Resén entre Nínive y Cala, la cual es ciudad grande". (Génesis 10:8-12).

En Génesis 11, la rebelión del hombre se completó cuando se negó a "extenderse" como Dios lo ordenó, eligiendo mas bien, construir una torre al cielo para hacerse un nombre para sí mismo. Dios frustró esos esfuerzos confundiendo su lenguaje para que no pudieran entenderse entre sí. Poco después, la Biblia comienza a contar la historia de cómo Dios cumplió su promesa a la serpiente de que colocaría enemistad entre ella y la descendencia de Eva, y la historia comienza con un hombre llamado Abraham, que se convertiría en el foco de la promesa redentora de Dios. .

Una Estrategia Creativa

Hay muchas expresiones creativas que podríamos ver aquí, pero quiero ver una historia inusual que involucra al nieto de Abraham llamado Jacob. Jacob era un astuto hombre de negocios que trabajaba como pastor para su igualmente astuto tío, Labán. Mientras Jacob se preparaba para separarse de su tío y empezar su propio negocio, hizo un trato que le permitiría a él, tener todas las ovejas moteadas y manchadas de los rebaños.

Para sorpresa de Labán, Jacob propuso que todas las ovejas moteadas y manchadas existentes fueran apartadas del rebaño y que solo las que nacieran de ahí en adelante moteadas y manchadas fueran suyas. Qué plan tan extraño, ya que ¿cómo podría Jacob esperar ganar alguna oveja con manchas si serían eliminadas antes de poder aparearse y reproducirse? Labán estaba muy feliz con el trato y puso una distancia de tres días de camino entre sus rebaños y los de Jacob para que no hubiera posibilidad, o eso pensaba, de que Jacob se quedara con alguna de sus ovejas.

Pero Jacob tenía un plan divino, un destello de brillantez y visión creativa, que lo convirtió en un hombre rico. Leemos en Génesis 30:37-43:

> Luego Jacob tomó algunas ramas verdes de álamo, de almendro y de plátano oriental, y las peló quitándoles tiras de la corteza, de modo que quedaran con rayas blancas. Después puso esas ramas peladas en los bebederos donde los rebaños iban a tomar agua, porque era allí donde se apareaban; y cuando se apareaban frente a las ramas peladas con rayas blancas, tenían crías rayadas, manchadas y moteadas. Jacob separaba esos corderos del rebaño de Labán. En la época de celo, los ponía frente a los animales de Labán que fueran rayados o negros. Así es como él aumentaba su propio rebaño en lugar de incrementar el de Labán. Cada vez que las hembras más fuertes estaban listas para aparearse, Jacob

ponía las ramas peladas en los bebederos frente a ellas. Entonces se apareaban frente a las ramas; pero no lo hacía con las hembras más débiles, de modo que los animales más débiles pertenecían a Labán y los más fuertes, a Jacob. Como resultado, Jacob se hizo muy rico, con grandes rebaños de ovejas y cabras, siervas y siervos, y muchos camellos y burros.

Esta estrategia parece un poco inusual, pero funcionó. Más tarde, cuando Jacob estaba hablando con sus esposas que eran hijas de Labán, dijo esto en Génesis 31:10-13:

> "En una ocasión, durante la época de apareamiento, tuve un sueño y vi que los chivos que se apareaban con las hembras eran rayados, manchados y moteados. Y en mi sueño, el ángel de Dios me dijo: "¡Jacob!". Y yo respondí: "Sí, aquí estoy". El ángel dijo: "Levanta la vista, y verás que solamente los machos rayados, manchados y moteados se aparean con las hembras de tu rebaño. Pues he visto el modo en que Labán te ha tratado. Yo soy el Dios que se te apareció en Betel, el lugar donde ungiste la columna de piedra y me hiciste el voto. Ahora prepárate, sal de este país y regresa a la tierra donde naciste".

No entiendo cómo pudo funcionar, pero sin embargo Jacob tuvo que seguir adelante con la idea, para obtener la bendición. Por otro lado, he descubierto que a menudo oramos por dinero, pero en lugar de dinero, Dios nos da una idea, y tenemos que convertir esa idea en acción y solo entonces llega el dinero. No hay atajos y no se puede ganar una lotería. Jacob obtuvo la inspiración creativa, tuvo que implementar lo que vio, y con el tiempo se hizo rico. ¿Tienes alguna idea creativa que necesites convertir en acción y luego en efectivo y quizás incluso en riqueza?

Lleno del Espíritu de Dios

Sin embargo, hay más para examinar a medida que vamos desarrollando nuestra teología de la creatividad. ¿Qué viene a la mente cuando alguien dice que una persona está "llena del Espíritu"? ¿Crees que esa persona debe estar en el ministerio, predicando o profetizando las cosas espirituales de Dios? ¿O crees que esa persona sería especialmente santa y sensible a las revelaciones del Espíritu Santo? En la mayoría de los casos, estarías en lo correcto. Sin embargo, hay un hombre en el Antiguo Testamento, a quien Dios mismo identificó como lleno del Espíritu. Ese hombre no era sacerdote ni estaba involucrado en algún tipo de ministerio sacerdotal.

El hombre al que me refiero fue Bezaleel y se lo menciona en Éxodo 31:1-5:

> "Habló Jehová a Moisés, diciendo: Mira, yo he llamado por nombre a Bezaleel hijo de Uri, hijo de Hur, de la tribu de Judá; y lo he llenado del Espíritu de Dios, en sabiduría y en inteligencia, en ciencia y en todo arte, para inventar diseños, para trabajar en oro, en plata y en bronce, y en artificio de piedras para engastarlas, y en artificio de madera; para trabajar en toda clase de labor".

Bezaleel era un hombre hábil con sus manos para hacer todo tipo de trabajos manuales. Nota que Dios llenó a Bezaleel con Su Espíritu para crear diseños artísticos y trabajar con metal, piedras y madera. Era tan "ungido" haciendo lo que hacia, que Dios lo eligió para hacer el trabajo en el tabernáculo, trabajo que sería visto por Dios en su plenitud todo el tiempo, pero el sumo sacerdote solo una vez al año. ¡Que honor!

Bezaleel prueba que Dios puede equiparte y ungirte con Su Espíritu para llevar a cabo tu ministerio fuera de los muros de la iglesia. Si este principio es válido hoy, significa que puedes ser un banquero, un líder militar, un maestro o un político lleno del Espíritu de Dios. Imagina ser una directora "ungida" de una escuela o un funcionario del gobierno lleno del Espíritu de Dios. ¡Es posible! Déjame darte otro ejemplo.

Más información sobre Bezaleel

Antes de continuar, hay un poco más que aprender del ejemplo de Bezaleel. Parece que no solo Bezaleel fue dotado y lleno del Espíritu de Dios para crear, sino que otros tuvieron el poder de ayudarlo a llevar a cabo sus deberes:

> También he designado personalmente a Aholiab, hijo de Ahisamac, de la tribu de Dan, para que sea su ayudante. Además, he dotado de habilidades especiales a todos los expertos artesanos para que puedan hacer todo lo que te he mandado construir: el tabernáculo; el arca del pacto; la tapa del arca: el lugar de la expiación; todo el mobiliario del tabernáculo; la mesa y sus utensilios; el candelabro de oro puro con todos sus accesorios; el altar del incienso; el altar de las ofrendas quemadas con todos sus utensilios; el lavamanos con su base; las vestiduras finamente confeccionadas: las vestiduras sagradas para el sacerdote Aarón y las vestiduras que sus hijos llevarán puestas cuando ministren como sacerdotes; el aceite de la unción; y el incienso aromático para el Lugar Santo. Los artesanos deberán hacer todo tal como yo te he ordenado. (Éxodo 31:6-11).

Ya hemos discutido la habilidad de Bezaleel, pero volvamos a verlo a él y a su trabajo desde un ángulo diferente. Dios le dio a Bezaleel y a sus colegas una gran capacidad creativa. Mi pregunta sobre su creatividad para ti es la siguiente: ¿era su creatividad opcional o era su trabajo, incluso su deber, crear? Una segunda pregunta es: si Bezaleel y compañía no hubieran creado, ¿habrían estado desobedeciendo al Señor? (Obviamente, habrían sido desobedientes por no trabajar en el tabernáculo, porque Dios lo ordenó, pero estoy hablando de ser creativo en general, practicar y perfeccionar su habilidad creativa con el tiempo).

Hago esas preguntas porque algunas personas tratan su creatividad como un pasatiempo, algo que harán cuando su trabajo real lo permita. Lo "alcanzarán" cuando los niños crezcan, o cuando estén menos presionados, o cuando las circunstancias sean las correctas. Las personas con esta actitud creen que es responsabilidad del Señor dedicarles tiempo y crear las circunstancias que permitan que su creatividad fluya y florezca. Si lo logran, bien, pero si no, no es una gran pérdida.

Las respuestas a estas preguntas son importantes, ya que ayudarán a poner la creatividad en su perspectiva adecuada, ya que no es algo que deba buscarse como un interés secundario sino que debe tomarse en serio. El otro punto interesante sobre Bezaleel y compañía, es que su creatividad no sería vista por muchas personas, ya que el tabernáculo era el lugar de trabajo de los sacerdotes, y el Lugar Santísimo solo era visto por el sumo sacerdote una vez al año. Dios no asignó a cualquier artesano para trabajar en lo que vería; Él asignó al mejor. Dios tiene todo el derecho de que produzcas expresiones creativas para nadie más que para Él, ni para la venta ni para el placer literario o artístico de los demás.

¿Cómo ves tu creatividad? ¿Está al frente y al centro de tu vida, o es una cuestión secundaria? ¿Trabajas para mejorarla o la has dejado en su forma cruda y primitiva? ¿La ves como un mandato del Señor, o algo que tomas o dejas a tu discreción? He tomado la decisión de aceptar la mía como dada por Dios, y le he dado un lugar de prioridad en mi vida diaria.

Sabiduría Creativa

A medida que concluimos nuestra teología de la creatividad del Antiguo Testamento, veamos un pasaje sobre la sabiduría en Proverbios 8: 30-31: Con él estaba yo ordenándolo todo, Y era su delicia de día en día, Teniendo solaz delante de él en todo tiempo. Me regocijo en la parte habitable de su tierra; Y mis delicias son con los hijos de los hombres".

La sabiduría estaba al lado de Dios cuando creó la tierra.

Por lo tanto, si quieres ser creativo (o más creativo), necesitas más sabiduría. Como establecimos anteriormente, la sabiduría que opera en la creatividad no necesariamente es tener un pensamiento o idea que nunca ha existido en la historia de la humanidad. Es la capacidad de abordar nuevos desafíos y problemas con una combinación de conocimiento nuevo y existente. Tomemos el ejemplo del agua embotellada. Los desarrolladores no inventaron ni el plástico, ni el agua. Simplemente aplicaron y combinaron esas cosas existentes para satisfacer la necesidad de agua potable portátil. La ecuación para este proceso fue la siguiente: necesidad + agua + botella de plástico x sabiduría = una industria de miles de millones de dólares.

Las implicaciones de aplicar la sabiduría a la expresión de la creatividad son tremendas, ya que tú ya has aplicado esta ecuación a tu vida de manera regular. Por ejemplo, toma, tiempo + tareas + experiencia = tu horario diario. O también palabras + comprensión de gramática + significado + tu perspectiva única + tus combinaciones de vocabulario = discurso y comunicación. Eres una persona creativa y lo expresas todos los días. De hecho, alguien dijo que hoy unirás algunas palabras y pronunciarás una oración que probablemente nunca se ha dicho en la historia de la humanidad exactamente como lo dirás.

> **Pepita de Oro #9**
>
> "Con sabiduría se edificará la casa, y con prudencia se afirmará; Y con ciencia se llenarán las cámaras de todo bien preciado y agradable."
> – Proverbios 24:3-4

Si bien la creatividad no requiere conceptos, invenciones o ideas totalmente nuevas (aunque puede hacerlo), implicará tu perspectiva única sobre las situaciones de la vida que enfrentas todos los días. Nadie más en la tierra mira la vida y sus eventos como tú. Cuando abordes esas cosas, lo harás de una manera que nadie más lo ha hecho. Sin embargo, si crees que no eres creativo, perderás la oportunidad de contribuir con algo nuevo a la expresión continua de la vida tal como la ves e interpretas aquí en la tierra. Simplemente le dirás a los demás o al menos pensarás: "No soy creativo" cuando eres una máquina creativa.

¿Estás listo para enfrentar, aceptar y expresar tu creatividad? Lo que necesitas no es creatividad, sino la sabiduría para expresar tu creatividad y eso puedes tenerlo en abundancia, pero solo si tienes fe: "Y si alguno de vosotros tiene falta de sabiduría, pídala a Dios, el cual da a todos abundantemente y sin reproche, y le será dada. Pero pida con fe, no dudando nada; porque el que duda es semejante a la onda del mar, que es arrastrada por el viento y echada de una parte a otra". (Santiago 1: 5-6). Te animo a que dejes de huir o malinterpretar tu creatividad, mas bien, que pidas sabiduría sobre cómo expresarla a medida que avanzas en tu tarea.

"Su Ungido"

Hay un punto final que hacer en este Capítulo. En el libro de Isaías, el Señor se refiere a Ciro, un rey secular de la siguiente manera: "Así dice Jehová a Su ungido, a Ciro... te llamé por tu nombre; te puse sobrenombre, aunque no me conociste". (Isaías 45: 1a, 4b énfasis agregado).

Ciro era un rey pero fue identificado como ungido. En otras palabras, Dios estaba con él cuando ordenaba y gobernaba, y Ciro lo hizo de manera creativa. Esa verdad lleva a la pregunta: ¿Qué estás ungido para hacer o realizar creativamente? ¿Es enseñar en la escuela? ¿Ayudar al pobre? ¿Aprender? ¿Predicar? ¿Planificar conferencias? ¿Editar manuscritos? ¿Escribir? No limites tu unción al trabajo de la Iglesia, mejor echa un vistazo a lo que haces, y cuando lo haces, sabes que Dios te ayuda.

Bezaleel era un hábil artesano y Dios estaba con él. ¿Está Dios contigo cuando haces joyas, pintas, cantas, compones o arreglas? Si es así, entonces estás lleno del Espíritu cuando haces esas cosas, sin importar dónde y para quién las hagas. ¡Es seguro decir que estás ungido, como Bezaleel! Eso debería motivarte a aprender a recurrir cada vez más a la ayuda de Dios mientras llevas a cabo tu propósito ungido para Su mundo en los próximos días.

Resumamos los puntos principales que hemos aprendido hasta el momento en que desarrollamos nuestra teología de la creatividad:

- Fuiste creado para ser creativo, ya que estás hecho a imagen del Creador.
- No puedes evitar ser creativo; Tienes que trabajar para que enfoques tu creatividad.
- Tu creatividad es a menudo la fuente de tu provisión e incluso prosperidad.
- Es la voluntad de Dios que expreses tu creatividad tanto dentro como fuera del entorno de la iglesia.

El ingrediente más importante para expresar la creatividad es la sabiduría: aprender a usar conceptos e ideas nuevas y existentes para resolver desafíos nunca antes encontrados. Ahora que hemos analizado las expresiones de creatividad en el Antiguo Testamento, es hora de seguir adelante para ver lo que el Nuevo Testamento tiene para ofrecer en lo que respecta a la creatividad.

Capítulo 10

Creatividad del Nuevo Testamento

Hemos visto algunos ejemplos de cómo se expresó la creatividad en el Antiguo Testamento a medida que buscamos desarrollar una teología de la creatividad, y ahora es el momento de mirar el Nuevo Testamento. Por supuesto, cuando te mueves al Nuevo Testamento, Jesús está al frente y al centro, así que veamos la vida de Jesús para ver qué puede agregar a nuestro estudio de la creatividad.

Dios Creador, Hombre Creativo

Jesús no solo vino a restaurar tu creatividad, sino que Él mismo también fue un hombre creativo, que sirvió de modelo a seguir. Si atribuimos la creatividad de Jesús a su divinidad, no podemos obtener mucha ayuda o comprensión que nos ayude en nuestros propios esfuerzos creativos. Sin embargo, si vemos que Jesús fue un hombre creativo, entonces puede haber cosas en su vida que nos ayuden a ser más creativos.

Comencemos desde la vida temprana de Jesús. Sabemos que era carpintero, así que hizo cosas de madera con sus manos. ¡Un obispo del siglo segundo informó que los yugos de madera que Jesús hizo en el siglo primero todavía se usaban cien años después! Eso nos dice que Jesús no solo fue creativo, sino que también estaba comprometido con la excelencia: hacía un buen trabajo.

Existe una gran posibilidad de que Jesús, como el hijo mayor, dirigiera un negocio de carpintería como sustento mas allá de sí mismo. Sus hermanos podrían haber estado en negocios con él, y eso significa que también expresó su creatividad al dirigir un negocio en el que haría nóminas, administraría inventarios y cuentas, y manejaría servicio al cliente. Con su negocio, también habría apoyado a su madre viuda.

Pero la creatividad de Jesús no se detuvo allí. A la edad de 30 años, cambió de carrera, comenzando un ministerio itinerante a través del cual continuó expresando una creatividad impresionante. Su creatividad se expresó en la formación y entrenamiento de un equipo efectivo de hombres y mujeres que viajaron con él. Cuando Jesús realizó milagros, no lo hizo con elegancia y distinción. Una vez escupió en el suelo, hizo barro y lo untó en los ojos de un ciego. En otra ocasión, Jesús puso sus dedos en los oídos de un hombre sordo y tocó la punta de la lengua del hombre con su saliva. Jesús respondía a sus críticos con respuestas creativas que deleitaban a la multitud. Su visión de las Escrituras atrajo la atención de la gente durante días, e impresionó a la multitud con su nuevo enfoque hacia Dios y la Palabra.

Quizás la mayor expresión creativa de Jesús, sin embargo, estaba en su enseñanza. Cuando enseñaba, usaba parábolas, historias de la vida cotidiana que impartían la verdad. ¿De dónde sacó esas historias? Las inventó, las compuso y las creó como herramientas de enseñanza efectivas. Provienen de su creatividad, quizás la misma creatividad que aprendió y perfeccionó como carpintero. Jesús usó parábolas con lecciones extraídas de la agricultura, los negocios, los acontecimientos actuales, la vida familiar y la jardinería. Era un maestro tan creativo, que la gente caminaba durante días para escucharlo, sin pensar mucho de dónde vendría su próxima comida. Marcos dijo: "...gran multitud del pueblo le oía de buena gana". (Marco 12:37b).

¿Por qué es esto importante? En primer lugar, la creatividad de Jesús no emanaba solo de su Divinidad. Él fue y es el Dios Creador y el Hombre creativo. En la tierra, expresó su creatividad como un hombre judío que observaba la vida y veía a Dios en todo. Segundo, si Jesús el hombre fue creativo, entonces Él puede ayudarnos a ti y a mí a ser creativos. Y finalmente, cumplirás tu propósito al continuar con la tradición creativa expresada por el Hijo de Dios y continuada en el poder del Espíritu Santo. No estamos aquí para amontonar; Estamos aquí para promover creativamente el Reino de Dios. Se podría argumentar que nuestra creatividad es la forma en que cumpliremos el mandato dado a Adán de someter la tierra y gobernarla.

La Iglesia Primitiva

En el capítulo uno, miramos a Hechos 6: 1-7 desde la perspectiva del propósito. En ese pasaje vimos, cómo los apóstoles se mantuvieron fieles a su propósito seleccionando hombres para llevar la carga del trabajo entre las viudas. La gente eligió a estos hombres para servir o ministrar a las viudas en la iglesia, y la palabra griega para servicio allí es diakonia, de donde derivamos nuestro oficio de diácono de la iglesia moderna.

Muchas iglesias han tomado este pasaje en Hechos 6 y lo han convertido en un modelo para el gobierno y el servicio de la iglesia. En algunas iglesias, los diáconos son la posición de gobierno suprema; en otros, son personas que sirven al hacer cosas prácticas en la iglesia, como cuidar el edificio, el ministerio de mujeres y cosas por el estilo. El objetivo aquí no es debatir qué enfoque o interpretación de diácono es correcto; El objetivo es mostrar que cualquier acercamiento a los diáconos como institución eclesiástica, pierde por completo el punto de la historia original. Los diáconos originales no eran sobre el gobierno o la tradición de la iglesia; eran simplemente una solución creativa a un nuevo problema.

Lo mejor que puedo decir es que no había un concepto bíblico sobre el cual los apóstoles se basaron para elegir y comisionar a los diáconos. Jesús les había dado instrucciones de cuidar a los pobres. La mayoría de las viudas eran pobres en la iglesia primitiva si no tenían más familia que las cuidara. A medida que la iglesia creció, el número de viudas que estaban lejos de los residentes hebreos en Jerusalén, creció también y los apóstoles fueron llamados para enfrentar este problema que nunca antes se había presentado.

Abordaron este problema de manera creativa y utilizaron la sabiduría para encontrar una solución. No creo que estuvieran instituyendo una oficina de la iglesia en Hechos 6, sino más bien un ejemplo de cómo la iglesia debería afrontar los problemas y desafíos de la vida, tanto dentro como fuera de ella. Estaban sentando un precedente, no estableciendo una tradición.

Cuando pienso en la creatividad, vuelvo a los versículos que vimos en Proverbios 8:22-31. La sabiduría estaba al lado de Dios cuando creó el universo. Como discutimos en el Capítulo anterior, la sabiduría está estrechamente relacionada con la creatividad, lo que lleva a mi definición de creatividad: la aplicación inteligente del conocimiento a los problemas u oportunidades existentes, de tal manera que surja algo nuevo.

En Hechos 6, el problema era cuidar a las viudas. El conocimiento o precedente bíblico que existió fue el ejemplo de Moisés al nombrar ayudantes para cuidar a las personas en Éxodo 18. Otro precedente fue que las elecciones eran comunes en Israel para elegir a los líderes de las sinagogas. De modo que los apóstoles aplicaron el conocimiento existente (Moisés designando ayudantes y elecciones de sinagoga), de una manera nueva y sabia para abordar un problema que enfrentaban. El resultado de sus esfuerzos fue la creatividad, ya que nombraron a un grupo de hombres a los que hoy llamamos diáconos.

La iglesia, y las personas que la integran, deberían ser el bastión y estar a la vanguardia de la creatividad. Tenemos el Espíritu creativo de Dios en medio nuestro. No deberíamos buscar resolver nuevos problemas con las soluciones del pasado. Estamos atados a nuestras tradiciones cuando no vemos la creatividad como una función de la iglesia y los creyentes, o cuando el miedo nos hace volver a usar los procedimientos probados y verdaderos (según la tradición), en lugar de experimentar nuevas maneras de aplicar la Sabiduría y los Principios realmente probados y verdaderos (según Dios).

Te animo a que no te conformes con lo que se ha hecho, sino que seas pionero. Toma como punto de partida lo que se ha hecho, dale tu toque creativo personal y has lo que nunca se ha hecho. El mundo está esperando tu poesía y tus ideas de negocios. Al mundo no le importa que debatamos el papel de los diáconos, lo que está esperando es que encontremos soluciones del siglo XXI a los desafíos modernos, de la misma manera que lo hicieron los apóstoles en Hechos 6. Cuando lo hagas, trabajarás con la sabiduría de Proverbios 8 que estaba presente cuando Dios creó y estructuró el mundo. No hay mayor creatividad con la que tú y yo podamos trabajar.

La Iglesia Moderna

Afortunadamente, hay muchos pioneros espirituales que entendieron esta definición de creatividad como la sabia aplicación del conocimiento a los problemas u oportunidades existentes de tal manera que surja algo nuevo. Por ejemplo, Robert Raikes vio la necesidad de educación espiritual para los niños de la calle de Londres a fines de 1.700 y fundó el movimiento de la "Escuela Dominical". William Booth quería ministrar a los pobres de Inglaterra, así que comenzó lo que hoy conocemos como el "Ejército de Salvación" (Salvation Army, tiendas donde se encuentra ropa, implementos de cocina, electrodomésticos, etc, todo de segunda mano, en excelente estado, a precios muy, muy bajos). En mi libro, "El Precio del Liderazgo" (The Price of Leadership), destaco a 29 hombres y mujeres a los que me refiero como pioneros del "propósito" que impactaron a su generación a través de la expresión creativa de sus propósitos, personas como Florence Nightingale, George Washington Carver, AB Simpson, John Wesley, y Sojourner Truth, solo por nombrar algunos.

Luego leí un libro titulado "*El Mejor Texto Espiritual Americano Escrito 2006*" (*The Best American Spiritual Writing 2006*). Uno de los ensayos en ese libro, titulado "*En la Maravilla (Into the Wonder)*", trataba sobre CS Lewis, el conocido autor y apologista cristiano y una de las grandes mentes creativas del siglo pasado. Ese artículo tiene mérito para esta discusión sobre la creatividad.

El ensayo comenzó describiendo un momento particularmente difícil en la vida de Lewis cuando vivía con su hermano y una anciana. La mujer estaba postrada en cama y usaba cada vez más a Lewis a título de una especie de empleado particular para que le ayudara con sus necesidades. Mientras tanto, el hermano de Lewis, que lo ayudaba con la correspondencia y a llenar documentos, se embriagó a tal punto de inconciencia, que terminó en un hospital. Las presiones de esta situación, junto con su carga de trabajo en Oxford, llevaron a Lewis al punto del colapso y finalmente fue hospitalizado por agotamiento.

Poco tiempo después, Lewis invitó a un amigo para que pudiera compartir una parte de un nuevo libro infantil que Lewis estaba escribiendo. Este libro se convirtió en *"El León, La Bruja y El Armario"* (*The Lion, The Witch and The Wardrobe*), el primer libro de Las Crónicas de Narnia (The Chronicles of Narnia), que hasta la fecha ha vendido 85 millones de copias y traducido a 30 idiomas. ¿Qué es lo que lo hace tan interesante para mí en cuanto a la creatividad?

Primero, Lewis escribió quizás su obra más famosa en el momento más inoportuno de su vida. A menudo siento que no puedo ser más creativo o productivo hasta que ciertas cosas cambien, hasta que mi vida esté libre de preocupaciones, ansiedad o desorden mental. Lewis no esperó el mejor momento. De hecho, en una época de sufrimiento y ajetreo profesional, comenzó a escribir ficción para niños, un ejercicio muy inusual para un hombre conocido en ese momento por su trabajo teológico más que fantástico.

En segundo lugar, Lewis no estaba casado en ese momento y no tenía hijos (tuvo dos hijastros de su matrimonio con Joy Gresham y mantuvo una relación con ellos aún después de la muerte de su esposa). Creo que es admirable que Lewis pudiera escribir con tanta eficacia para los niños cuando no tenía ninguno. Finalmente, Lewis fue un niño solitario. Su infancia, aunque no fue triste ni abusiva, no estaba llena de la clase de alegrías infantiles como para inspirarse y escribir sus historias.

Lewis produjo trabajo creativo a pesar de sus dificultades personales. Debes aprender a hacer lo mismo. Ya no puedes no crear porque las circunstancias en tu vida no sean del todo correctas. Tampoco puedes descartar tus ideas creativas porque no te ves calificado o en forma. Lewis no era un niño muy feliz, ni un padre natural, pero escribió libros infantiles extraordinarios, que cambiaron el mundo. ¿Qué podrías hacer si dejaras de esconderte detrás de excusas y limitaciones y simplemente lo hicieras?

Parece que las dificultades de Lewis lo prepararon para crear; Su sufrimiento de alguna manera alimentó su impulso de escribir. Si puedes ver que tu sufrimiento es preparación y no un obstáculo, encontrarás una nueva libertad para producir aún cuando no parezca un buen momento para hacerlo. Y no le digas a nadie que no tienes tiempo para crear. Tienes todo el tiempo del mundo, las 24 horas todos los días. No es que no tengas tiempo; no lo estás usando efectivamente para crear. Discutiremos eso más a fondo en nuestra sección sobre el "Principio de Tiempo y Organización de la Mina de Oro".

Un Testimonio Personal

En 2009, alcancé una meta que fijé en 2001. Trabajé en esa meta casi todos los días durante más de ocho años. ¿Cuál fue mi meta? ¿Por qué me tomó nueve años y casi todos los dias completarla? Yo hice un comentario, versículo por versículo de todo el Nuevo Testamento! (En caso de que te lo preguntes, hay más de 7,000 versos en el Nuevo Testamento y escribí algo sobre cada uno).

Después de haber hecho un estudio sobre la fe en el año 2001 (estudio que se convirtió en mi libro *Los archivos de la Fe: Volumen Uno (The Faith Files: Volume One)*, tuve una idea. Siempre dije que "un día" quería escribir comentarios Bíblicos. Entonces, ese día llegó y comencé a hacer tal estudio. Decidí tomar cuatro versículos por día (no tengo idea por qué cuatro) y escribí material devocional para esos versículos y al final de cada semana, enviaba las notas a las personas que ya estaban recibiendo "Los archivo de la Fe" (The Faith Files). La lista continuó creciendo y hoy en día unas 4,000 personas aún reciben mis estudios semanales.

Al estudiar y escribir sobre cuatro versículos diarios durante ocho años, ¡completé estudios para los 27 libros del Nuevo Testamento! Comentar cuatro versos al día todos los días me permitió realizar una tarea enorme poco a poco. Ejercitaba mi fe todos los días, me sentaba a escribir y "veía" algo en cada versículo y al mismo tiempo veia la manera de ayudar al lector a aplicar esos versículos en su día a día. No hace falta decir que he aprendido mucho desde que comencé a escribir esos estudios y espero que mis lectores también lo hayan hecho. Ahora estoy en proceso de publicar esos estudios, llamándolos "Serie de Comentarios, Vive la Palabra" (Live the Word Commentary Series).

¿Cómo supe que debía embarcarme en este proyecto? ¿Estaba seguro de que era la voluntad de Dios? No lo puedo decir con certeza, pero te remito a lo que Lucas escribió en la apertura de su evangelio:

> Me ha parecido también a mí, después de haber investigado con diligencia todas las cosas desde su origen... me pareció bueno a mi escribírtelas por orden, oh excelentísimo Teófilo, para que conozcas bien la verdad de las cosas en las cuales has sido instruido. (Lucas 1:3-4).

Todo lo que puedo decir es que me pareció bueno escribir y seguir escribiendo. Cuando vi que la gente decía que los estudios eran de ayuda, seguí adelante. La meta me ayudó a llegar al final. Mi creatividad con la ayuda de Dios se encargó del resto. Tenía la fe para ese tiempo de trabajo. Me alegra decir que, en lo que respecta a mis estudios bíblicos, "¡Consumado es!"

¿Y qué me dices de ti? ¿Tienes alguna «buena idea» como la que tuve? ¿Qué puedes lograr si haces solo un poco todos los días? He descubierto que la mayoría de las personas no serán nada porque no pueden ver cómo hacer todo. No darán un poco porque no pueden dar mucho. No dedicarán un poco de tiempo porque no tienen grandes cantidades de tiempo. Yo decidí hacer lo que podía hacer todos los días, cuatro versículos, y ahora he completado mi proyecto creativo. No se sabe qué puedas lograr si aplicas el mismo principio.

Capítulo 11

Tu Respuesta a la Creatividad

Recientemente recibí dos correos electrónicos de personas que estaban considerando contratar mis servicios como entrenador para escribir. Ambos correos electrónicos se llenaban de temor a medida que las personas compartían su motivación para escribir su propio material. Manifestaban temor de hacerlo obedeciendo al ego (miedo al orgullo), temor frente al costo del entrenamiento (miedo a que Dios no les proveyera) y temor a si su material era o no lo suficientemente bueno para publicarse (miedo al fracaso y la insuficiencia). En un correo electrónico, una persona nos contaba sobre cómo le tomó una semana entera poder contestar nuestra correspondencia inicial, debido a su "parálisis por el miedo".

A estas alturas, puedes ver que el proceso creativo está lleno de miedo de principio a fin y en todos mis años de experiencia trabajando con personas creativas, veo que eso no ha cambiado. En mi caso, ya no dejo que el miedo me sorprenda, más bien lo busco y lo enfrento, como si llevara a cabo una misión militar de búsqueda y destrucción. Sé que mi temido enemigo está en algún lugar de mi pensamiento. Mi trabajo es descubrir en dónde están escondidos y camuflados mi miedo y mi vergüenza para no ser identificados como tal (muchas veces el miedo se disfraza de enojo, por ejemplo).

¿Por qué estamos tan llenos de temores? Hay una respuesta bíblica y se encuentra en Génesis 3: 7-10:

Entonces fueron abiertos los ojos de ambos, y

conocieron que estaban desnudos; entonces cosieron hojas de higuera, y se hicieron delantales. Y oyeron la voz de Jehová Dios que se paseaba en el huerto, al aire del día; y el hombre y su mujer se escondieron de la presencia de Jehová Dios entre los árboles del huerto. Mas Jehová Dios llamó al hombre, y le dijo: ¿Dónde estás tú? Y él respondió: Oí tu voz en el huerto, y tuve miedo, porque estaba desnudo; y me escondí.

Adán y Eva tenían miedo y vergüenza de estar expuestos, por lo que se escondieron de Dios. Es ridículo que pensaran que podían esconderse de Dios, pero lo intentaron, y tú y yo también tratamos de escondernos. Adán y Eva se cubrieron con hojas de higuera, coberturas endebles que se marchitarían y morirían en uno o dos días, nosotros, usamos excusas endebles para ocultar nuestro miedo y vergüenza. Esas excusas suenan bastante racionales, pero no son más que hojas de higuera en nuestras mentes para enmascarar el terror que enfrentamos cuando consideramos hacer algo creativo o nuevo. Hace poco leí algo que decía que Adán y Eva no solo se estaban escondiendo de Dios, sino que se estaban escondiendo de ellos mismos. Es por eso que tenemos miedo y vergüenza de compartir nuestra creatividad con otras personas.

Puedes estar asintiendo con la cabeza al estar de acuerdo al leer este Capítulo y sin embargo, puedes estar de acuerdo y aún estar inmerso y paralizado por tus propios miedos, negando su existencia. O tal vez has aprendido a manejar tus miedos apegándote a los caminos trillados de la vida, con cuidado de no desviarte a la jungla de lo desconocido, donde nunca has estado antes. Hasta que tomes ese camino menos transitado, no tendrás que enfrentarte ni ser consciente de tus miedos. Además, si puedes esconder tu miedo tras excusas que suenan espirituales, como "No es el momento indicado" o "El Señor no me ha hablado" o "Estoy esperando una confirmación", entonces puedes aprender cómodamente a vivir con tu miedo, convencido de que es la voluntad de Dios que estés contento con tu rutina diaria, medicando tu mente con pensamientos de que lo harás "algún día".

> **Pepita de Oro #10**
>
> "Ella hace telas, y vende, Y da cintas al mercader." – Proverbios 31:24 (VRV95).

En cuanto a tu creatividad, debes aceptar la verdad de que este es el día que hizo el Señor. No está garantizado el mañana, así que te animo a enfrentar tus temores hoy y seguir adelante. Somos hijos de Adán y Eva, y todos debemos tomar medidas para salir de los arbustos del temor y la vergüenza para que podamos mostrar la plenitud de la gloria que es nuestra en Cristo. Si no das esos pasos, vivirás una vida muy por debajo de lo que Dios tenía en mente cuando envió a Jesús a morir por ti.

Tres Enemigos

He leído todos los libros sobre creatividad y escritura de la autora Julia Cameron. Si bien no estoy de acuerdo con su teología (ella no es una teóloga per se, pero tiene algunos pensamientos únicos sobre Dios y la espiritualidad), sí estoy de acuerdo con ella en que la escritura y la creatividad son experiencias espirituales. Veamos algunas cosas que escribió en su libro, "El Derecho a Escribir" (The Right to Write). En uno de sus Capítulos, Cameron citó a los siguientes artistas sobre su creatividad:

- *"La música de esta ópera (Madame Butterfly) me fue dictada por Dios. Simplemente fui el instrumento para ponerla en papel y comunicarla al público".* - Giacomo Puccini
- *"Inmediatamente las ideas fluyen sobre mí, directamente de Dios".* - Johannes Brahms
- *"La posición del artista es humilde. Es esencialmente un canal".* - Piet Mondrian
- *"Yo no hago nada. El Espíritu Santo es quien logra todo a través de mí".* - William Blake

Entonces, si la creatividad es una expresión espiritual

(como algunos mencionan en las citas anteriores) y eres una persona espiritual, ¿por qué no creas más? Puedo sugerir tres enemigos que luchan con la capacidad de crear dada por Dios, y esa batalla ocurre casi cada vez que te sientas para crear algo.

Miedo. Sé lo que puedes estar pensando: "John, ya cubrimos esto. ¡No otra vez!" Sin embargo, el miedo es tan poderoso y el enemigo público número uno de la creatividad que debemos abordarlo de muchas maneras diferentes una y otra vez. ¿Cuántos miedos se te ocurren que puedan evitar que seas creativo? Puedo pensar en el miedo al fracaso, la pobreza, el ridículo, la familia, la cultura, la autoridad, la insuficiencia y el éxito.

Estaba visitando una iglesia un noviembre y me encontré con una mujer que era pintora, pero en ese momento estaba paralizada por el miedo que le impedía pintar alguna cosa. Hablamos, oramos y abordamos el tema del miedo. Al día siguiente entró radiante y dijo que tenía un plan que la liberaría para pintar y crear de nuevo. Expresé mi extremo gozo y pregunté cuál era el plan. Con toda seriedad, dijo: "¡Voy a pintar a partir del próximo 15 de abril!"

Pasé del gozo extremo a la confusión extrema, y pregunté: "¿Por qué necesitas esperar hasta el próximo mes de abril?" Su respuesta fue simple: "¡Ahí es cuando recibo mi cheque de reembolso de impuestos, para que pueda tener el dinero para montar un estudio!" Tenía miedo de no poder crear sin su estudio. Ella me preguntó qué pensaba, y esto fue lo que le dije: "Tengo una tarea diferente en mente para ti. Tu trabajo es pintar algo y dárselo a alguien como regalo de Navidad". En seguida explotaron una infinidad de excusas volando por el aire: "¡No entiendes! Necesito mi espacio. ¡Necesito mis colores! ¡No puedo hacer nada que valga la pena en las próximas seis semanas!"

Mientras trataba de convencerla de no caer, por así decirlo, comencé a mostrarle cómo el miedo que acabábamos de discutir el día anterior, había vuelto a levantar su fea cabeza. Cuando vio eso, aceptó su tarea y creó algo bastante bueno, a tiempo, para bendecir a alguien en Navidad.

Si vas a expresar tu creatividad, debes enfrentar y superar la opresión del miedo, tal como lo hizo esta artista. El miedo paralizará tus esfuerzos y te hará postergar mientras esperas un momento más oportuno. Recuerda lo que Pablo escribió a su discípulo Timoteo: "Porque no nos ha dado Dios espíritu de cobardía, sino de poder, de amor y de dominio propio". (2 Timoteo 1:7). Si tienes miedo, ¿qué estás preparado para hacer al respecto?

Comparación. Cuando miras lo que haces y lo comparas con lo que otros han hecho, puede ser que dejes de ser creativo. En tu opinión, no eres "tan bueno" como la otra persona. Detente y piensa en esto. ¿Qué tiene de bueno la creatividad? ¿No es la creatividad un proceso y no pueden tus esfuerzos simples de hoy conducir a una gran creatividad mañana? ¿Es aconsejable comparar tus esfuerzos iniciales o incluso posteriores con lo que otra persona puede haber pasado mucho tiempo desarrollando?

Al mismo tiempo, debes darte cuenta de que siempre hay alguien con más dones, habilidades, talentos, belleza, elocuencia, coordinación o disciplina que tú. Cuando te encuentras con esas personas, debes admirar y aprender de ellas mientras buscas perfeccionar tu propio don y habilidad. Cuando los atletas profesionales se enfrentan a las superestrellas, no se retiran a la banca angustiados. Continúan jugando el juego lo mejor que pueden y buscan aprender del jugador más habilidoso. Lo que es aún mejor, es que los jugadores talentosos que entienden la importancia de un equipo, pueden elevar el nivel de rendimiento para todos los jugadores de su equipo.

Pablo describió un principio importante que usó cuando miró su trabajo: "Porque no nos atrevemos a contarnos ni a compararnos con algunos que se alaban a sí mismos; pero ellos, midiéndose a sí mismos por sí mismos, y comparándose consigo mismos, no son juiciosos. Pero nosotros no nos gloriaremos desmedidamente, sino conforme a la regla que Dios nos ha dado por medida, para llegar también hasta vosotros". (2 Corintios 10: 12-13). ¿Por qué no hacer algo creativo esta semana y disciplinarse para no compararlo con lo que alguien más ha hecho? ¿Es lo mejor que puedes ser ahora? Si es así, diría que has hecho un buen trabajo.

Perfeccionismo. Hay un viejito que ha vivido en ti la mayor parte de tu vida adulta. Es muy viejo y tiene mal humor. Tiene la piel arrugada y usa una visera en la cabeza, similar a la que usaban los contadores cuando usaban máquinas sumadoras en lugar de calculadoras y computadoras. Este viejito tiene dedos huesudos y una voz áspera que usa para hablar contigo todo el tiempo. Él no tiene nombre, pero tiene un papel en tu vida que juega a la perfección. ¿Cuál es ese rol? Es el papel del crítico, el censurador y el desalentador.

Cuando escribes algo, este viejito comienza con: "No puedes escribir. Esto no está bien. No le mostraría esto a nadie. ¡Nunca lo publicarás!" Si intentas tomar medidas para mejorar, el hombrecillo dice: "¿Quién te crees que eres? ¿Eres demasiado viejo (o demasiado joven) para intentar hacer algo como esto?" Si tienes una idea para un negocio o ministerio, interviene y dice: "Eso nunca funcionará. ¿Por qué no te quedas donde estás, aunque no estés contento? "

Luego, cuando te conviertes en cristiano, ese hombre viejo adquiere un tono completamente nuevo. "¿Cómo sabes que el Señor quiere que hagas eso? ¿Quién te crees que eres, Moisés o Pedro? No hay nada especial en lo que estás pensando. Además, no tienes el tiempo, el dinero o la espiritualidad para hacerlo bien. Solo siéntate allí y cállate. ¡Conoces los errores que cometiste al intentar hacer cosas en el pasado! ¡Muy bien, lo hiciste una vez pero no podrás volver a hacerlo! "

No hay forma de que pueda describir todo lo que este pequeño hombre dice o hace en tu vida, pero creo que entiendes la idea. Es la voz del perfeccionismo y las expectativas poco realistas sobre qué es la creatividad y cuándo está lista para compartir con los demás. Si vas a aclarar tu propósito y ser creativo, tendrás que lidiar con este viejito. He descubierto que no puedes razonar con él, porque él es demasiado persuasivo y persistente para eso. El crítico y el censurador en ti, te instarán a descartar una idea dentro de los cinco minutos posteriores a tenerla. El crítico en ti hará que no hables de ti mismo y que escondas tu arte e ideas. Se aprovechará de tus miedos y hará que te compares con aquellos que tienen un éxito supremo, lo que te hará encogerte de desesperación mientras contemplas tu falta comparativa de talento. Entonces, ¿cómo lidias con este viejito?

Jesús dijo: "...el reino de los cielos sufre violencia, y los violentos lo arrebatan". (Mateo 11: 12). No hay una buena manera de lidiar con este viejito. No puedes tener piedad de él ni escuchar nada de lo que dice. ¡Te recomiendo que mires a este viejito cuando te hable! Así es, debes tratar con él sin piedad cada vez que decida ofrecer su opinión. Debes decirle: "Gracias pero no sabes de qué estás hablando". Si no se calla, debes golpearlo en el ojo. Solo imagínalo sosteniendo su ojo e inclinándose de dolor. (No te preocupes. Se recuperará para volver a hablar). Luego procede a llevar a cabo la idea que tienes mientras él está distraído, libre de su voz molesta y sus acusaciones aburridas.

Cuando eras joven, ese viejito no existía. Entonces eras libre para crear, ser tú mismo, divertirte y experimentar con la vida. Hiciste cosas solo por hacerlas, y aprendiste y te divertiste. Pero a medida que crecías, el anciano se instaló para mantenerte temeroso, atado y libre de fallas. Sin embargo, ese viejo te ha quitado algo y debes recuperarlo, con violencia si es necesario. Tomó tu celo juvenil por la vida, y con él tomó tu capacidad de crear con libertad.

La búsqueda de la perfección no es realista y te impedirá hacer algo grandioso solo porque no es perfecto. No puedo encontrar un verso que hable sobre el perfeccionismo, pero puedo encontrar uno que hable a la excelencia: " Y todo lo que hagáis, hacedlo de corazón, como para el Señor y no para los hombres;" (Colosenses 3:23) Quizás la distinción entre perfección y excelencia te ayudará a hacer algo que no has hecho porque temías que no fuera lo mejor humanamente posible.

Si eres una persona espiritual y la creatividad es espiritual,

¿por qué no creas más a menudo? ¿Quizás es porque la creatividad es más una batalla de lo que esperabas? Espero haberte ayudado a identificar algunos de los enemigos de tu creatividad y espero que decidas entrar en una temporada de creatividad que comience tan pronto como termines de leer este Capítulo. Pelea una buena batalla para poder expresar tu creatividad innata latente en tu corazón y en tu mente.

Tu Elección

He compartido en este Capítulo cómo el miedo obstaculiza tu creatividad. Hemos visto cómo la creatividad de Adán fue dada y dirigida por Dios, y cómo el pecado de Adán resultó en miedo, vergüenza y esa vergüenza hizo que él y Eva se escondieran detrás de hojas de higuera y un arbusto cuando Dios los llamó. Antes de que Adán cayera, había nombrado los animales que Dios le trajo y, aunque la Caída no erradicó la creatividad de Adán, la Caída contaminó su creatividad con el pecado. Ha sido así desde entonces.

Al cerrar nuestra discusión sobre este segundo Principio de la Mina de Oro, tienes tres opciones en lo que respecta a la creatividad. Te insto a que consideres estas opciones y luego elijas sabiamente el camino que es la voluntad de Dios para ti.

OPCIÓN 1: Negarse a ser creativo.

Eso no quiere decir que Dios no te ama; Lo hace. Eso no significa que no eres salvo. Lo eres si pones tu fe en Cristo. Sin embargo, puedes simplemente negarte con vehemencia a enfrentar tu miedo y liberar tu creatividad. Lo interesante es que no puedes evitar ser creativo cuando consideras tu capacidad para hablar, razonar, administrar el tiempo, tener hijos, iniciar negocios y cosas por el estilo.

Sin embargo, incluso mientras haces todo eso, puedes negarte a usar tu creatividad para expresar tu propósito como se le ordenó a Adán y a Eva que hicieran en el Jardín: "Y los bendijo Dios, y les dijo: Fructificad y multiplicaos; llenad la tierra, y sojuzgadla, y señoread en los peces del mar, en las aves de los cielos, y en todas las bestias que se mueven sobre la tierra". (Génesis 1:28). Puedes negarte a aceptar tu mandato de ser fructífero y gobernar, aún manteniendo una relación con el Señor a través de la oración, la lectura y el servicio diario.

OPCIÓN 2: Puedes usar tu creatividad para tus propios asuntos.

Esta es una forma sutil (o no tan sutil) de rebelión que intenta mantener el control sobre la creatividad. Aquellos que no conocen al Señor generalmente están en esta condición, porque toman lo que Dios ha puesto en ellos, pero luego lo usan con fines egoístas u obstinados. Cualquiera que produzca arte vulgar, poesía cruda o películas obscenas, solo por nombrar algunos ejemplos, está tomando su creatividad dada por Dios y usándola para medios impíos. Ahora, negarse a ser creativo como se describe en la opción uno es una forma de rebelión, pero esta opción dos, busca activamente usar la creatividad para cualquier cosa que no sea para propósitos divinos.

Un buen ejemplo de este tipo de rebelión creativa se encuentra en Génesis 10: 8-10a: "Y Cus engendró a Nimrod, quien llegó a ser el primer poderoso en la tierra. Este fue vigoroso cazador delante de Jehová; por lo cual se dice: Así como Nimrod, vigoroso cazador delante de Jehová. Y fue el comienzo de su reino Babel…" Nimrod usó su creatividad para construir su propio reino, y Babilonia siempre representa un reino terrenal que se estableció y existió para oponerse al gobierno y reino de Dios en la tierra.

OPCIÓN 3: Puedes llevar tu creatividad bajo el señorío de Cristo.

Tu tercera opción es, rendirte a la voluntad y al plan de Dios para tu vida, en cuanto a tu creatividad se refiere. Cuando haces esto, enfrentas tus miedos, dejas de lado tu preocupación por lo que otros piensan y haces lo que está en tu corazón hacer. Al hacer esto, aceptas el hecho de que Jesús vino no solo para reconciliar tu vida espiritual con Dios, sino que Él vino para reconciliar todo tu ser, todo lo que tú eres, con Dios: "Y por medio de él reconciliar consigo todas las cosas, así las que están en la tierra como las que están en los cielos, haciendo la paz mediante la sangre de su cruz. "(Colosenses 1:20 énfasis agregado).

Entonces, claramente vemos que las opciones uno y dos son "pecado", que es una palabra que simplemente significa "perder la huella". Cuando evitas o destruyes tus impulsos creativos, estás perdiendo la huella de tu vida, quedándote corto en lo mejor de Dios para ti. En general, la opción uno es donde viven muchos cristianos y no es una negativa absoluta a crear, simplemente están permitiendo que el miedo proporcione razones racionales por lo que ahora "no es el momento adecuado para escribir, viajar, aprender nuevos idiomas, volver a la escuela o cantar". Si bien esas razones pueden parecer sólidas, palidecen ante la verdad de lo que sabes que es verdad: con Dios, todo es posible.

P.D. Cuenta tu Historia Creativamente

Sé que prometí que habíamos terminado, pero solo hay una pieza más para agregar a nuestra teología de la creatividad. Una perspectiva más, que, espero te convenza de que el momento de crear es ahora y que los materiales que usarás mientras creas son tus propias ideas y revelaciones que surgen de tu experiencia de vida y dones creativos. Estaba estudiando y escribiendo recientemente, cuando noté un versículo en el Salmo 107:2 y me llamó la atención. Es un versículo con el que probablemente estés familiarizado, pero lo que me sorprendió es que el versículo es una exhortación para ti (y para mi) de publicar y ¡divulgar!. Puede que no lo veas así, pero déjame darte un poco más de información. Aquí está el versículo: "Díganlo los redimidos de Jehová, Los que ha redimido del poder del enemigo" (Salmos 107:2).

¿Tienes una historia? Sé que la tienes, porque Dios ha hecho grandes cosas por ti tal como lo ha hecho por mí. Eso es lo que se conoce como tu testimonio y debes contarlo. Una forma, es hacerlo en la iglesia, pero en los servicios de la iglesia moderna de hoy, ¿dónde hay tiempo para testificar? Eso significa que tú (y yo) debemos encontrar otras formas de contar la historia de Dios, o tu historia en Dios. Ahí es donde la publicación, las redes sociales, la pintura, la escultura, el canto, la composición musical y una gran cantidad de otras expresiones creativas entran en escena. Por ejemplo, rara vez uso las redes sociales para cosas personales, pero lo uso todos los días para "publicar" lo que Dios me está mostrando y lo que estoy aprendiendo. Hago mi mejor esfuerzo todos los días para contar mi historia. ¿Qué hay de ti?

Después de notar el Salmo 107:2, investigué un poco más y encontré dos cosas interesantes en las Escrituras que van junto con ese versículo de los Salmos. Una está en Deuteronomio 31:19: "Ahora pues, escribíos este cántico, y enséñalo a los hijos de Israel; ponlo en boca de ellos, para que este cántico me sea por testigo contra los hijos de Israel". Dios le dio la instrucción a Moisés de escribir una canción y enseñarla a Israel. El tema de la canción era recordarle a Israel la fidelidad de Dios en un día en que se desviarían, pero nunca me había dado cuenta de que Dios le ordenó a Moisés que fuera creativo y escribiera música. ¿Tienes alguna música en ti que deba escribirse? Esa es otra forma de contar tu historia.

El segundo versículo que encontré en mi estudio fue en Josué 18:4: "Señalad tres varones de cada tribu, para que yo los envíe, y que ellos se levanten y recorran la tierra, y la describan conforme a sus heredades, y vuelvan a mí". Nunca antes me había dado cuenta de que Dios ordenó a los espías que fueron enviados a presentar su informe de lo que vieron en la Tierra Prometida por escrito. Su historia no era lo que Dios había hecho sino lo que Dios iba a hacer cuando entraran en la Tierra que Él les estaba dando. Parte de tu historia es tu visión de fe de lo que está por venir.

Entonces, tienes tres razones para publicar, escribir y crear: 1) para contar tu historia de lo que Dios ha hecho ; 2) Para recordarte a ti mismo y a otros la fidelidad de Dios; 3) Para informar lo que ves relacionado con el propósito y el plan de Dios para ti que aún está por llegar.

PRINCIPIO DE LA MINA DE ORO #3

Establecimiento de Objetivos

Ten Cuidado Donde Cavas

*"Aun el muchacho es conocido por sus hechos,
Si su conducta fuere limpia y recta".*
— Proverbios 20:11 (RVR1960)

Capítulo 12

Excelencia Definida

Una vez que realices tu reclamo en el campo que contiene tu oro, es importante comenzar a cavar en el área correcta. No es suficiente conocer tu propósito y poder describirlo a otros. Debes comenzar a alcanzar la excelencia en torno a ese propósito, que proviene en parte de establecer y alcanzar objetivos.

Vimos en la Sección Uno que los apóstoles eligieron enfocarse en su propósito y no ser desviados por "servir las mesas". Eso les permitió centrarse en el primer principio que discutimos, que era la "eficacia". El segundo principio que ejemplificaron fue la "excelencia", porque Hechos 6: 1-7 cuenta cómo la iglesia primitiva creció y prosperó bajo su cuidado. La simple decisión de nombrar diáconos condujo a un mejor cuidado de las viudas, el crecimiento en la iglesia y un ministerio enfocado para los apóstoles. El resultado final fue, la excelencia.

El versículo que se usa en la página del título de esta sección (Proverbios 20:11) resume los dos campos en los que los creyentes generalmente caen cuando se trata de definir la excelencia. El primero es el campo de las "obras" que expresaría excelencia principalmente en cosas externas. Construirían los mejores edificios, publicarían las mejores revistas ministeriales y producirían los alcances ministeriales más eficientes. El segundo es el campo de la "conducta". Señalarían que los televangelistas modernos se metieron en problemas no porque no tuvieran excelencia externa, sino porque les faltaba un compromiso interno con la excelencia que se expresa en la vida santa.

Desafortunadamente, ambos campos no logran dar una definición precisa de excelencia. Las personas de "obras" no siempre han sido fuertes en el comportamiento y, por lo tanto, a veces se han desacreditado por fallas morales o de integridad. En su búsqueda de la meta, a menudo creen que el fin justifica los medios. Por otro lado, las personas de "conducta", aunque viven una vida santa, a menudo han producido obras de mala calidad y poco impresionantes para los estándares de cualquier persona, ¡si es que produjeron algún fruto o trabajo!

Al comenzar esta sección, es importante que comprendamos qué es la excelencia y qué no. Hace años definí mis metas en cuanto a la perfección, asumiendo que la perfección era igual a la excelencia. Eso no me trajo más que frustración, porque nunca pude entenderlo bien. No importa cuán bien había planificado o cuán duro había trabajado, algo saldría mal. Con el tiempo, el Señor me ayudó a ver la diferencia entre la perfección -que nunca se logrará en este lado de la eternidad- y la excelencia, que es una actitud del corazón que produce un trabajo y una conducta de calidad.

Hubo varias situaciones que el Señor usó para ayudarme a distinguir entre perfección y excelencia. Uno de esos casos fue un evento que estaba organizando en mis primeros días como planificador de eventos. Tenía la responsabilidad de una pequeña conferencia, que incluía el programa y la publicidad. Una vez finalizado el programa, diseñé el folleto promocional y estaba listo para enviarlo por correo cuando, para mi consternación, ¡vi una palabra mal escrita en la portada!

Las etiquetas de correo estaban listas (el folleto tenía que estar en el correo el día anterior) y me enfrenté a un error que claramente era mi culpa, ya que era el único que había revisado el folleto antes de imprimirlo. ¿Qué iba a hacer yo? Estaba comprometido con la excelencia, pero un nuevo folleto costaría casi $400 dólares para imprimir, y mi fecha límite estaba cerca.

Decidí reimprimir el folleto por mi cuenta. Si hubiera salido así y no hubiera notado el error, eso habría sido diferente. Pero el hecho de ver el error significaba que no podía simplemente enviarlo y confiar que aquellos que lo vieran no lo notaran y perdonaran mi error. En este caso, mi compromiso con la excelencia tenía que ser más que buenas intenciones.

En otra ocasión, estaba ayudando a un amigo a poner una piscina para otro miembro de nuestra iglesia. Cuando estábamos planeando el trabajo, calculamos cuánto concreto necesitaríamos y luego ordenamos algo extra. Para nuestra sorpresa, después de haber usado lo que pedimos, ¡nos faltaban casi dos metros! Cuando llegó el concreto adicional, nos dimos cuenta que era diferente al que se había puesto primero.

El dueño de la casa no estaba contento, pero esperábamos que pasara por alto el error y no nos obligara a rehacer el trabajo. Después de todo, éramos hermanos en la fe y amigos, y ocurren errores. Sin embargo, no iba a conformarse con un trabajo que no era satisfactorio, y terminamos tapando la cubierta con una alfombra para exteriores pagada por nosotros. Estábamos comprometidos con la excelencia, y ese compromiso requería que el trabajo se terminara de acuerdo con las expectativas razonables de quien pagaba la factura. Pedirle perdón no era una solución aceptable para un trabajo que había sido planeado pero completado de manera inadecuada.

La tercera instancia fue cuando mi esposa y yo reexaminamos nuestro compromiso con la excelencia en lo que respecta a tener invitados en nuestra casa. No nos sentíamos cómodos con nuestros huéspedes alojados en nuestra habitación de invitados, porque tenían que compartir el baño en el otro extremo del pasillo con nuestros hijos. Así que decidimos quedarnos en la habitación de invitados y dejar que nuestros huéspedes usaran nuestra habitación con su baño privado. Era fácil hablar de excelencia, pero como recibíamos muchos visitantes en nuestra casa, fue muy difícil ponerlo en práctica.

Y finalmente, mi concepto de excelencia no estaría completo sin esta última historia. En 1986, mi familia y yo visitamos el área de San Francisco para unas vacaciones navideñas muy necesarias. Mientras estuvimos allí, visitamos un centro comercial donde compré cuatro camisas en una tienda por departamentos de Nordstrom, -conocida por su compromiso con la excelencia-. Salimos de ahí a otras tiendas, cuando de repente me di cuenta de que ¡faltaba la bolsa con las camisas! Volvimos sobre nuestros pasos y gradualmente nos dimos cuenta de que mis camisas no estaban por ningún lado. Como último recurso, fui al mostrador donde había comprado las camisas y pregunté si alguien de pronto había encontrado mi bolsa y la había entregado allí.

Sin dudarlo, la vendedora me dijo que escogiera cuatro camisas más. Le expliqué que no podía pagar cuatro camisas más, a lo que ella respondió: "¡No tendrá que pagar por ellas!". Ella contó con la ayuda de otros dos empleados, quienes alegremente encontraron cuatro camisas como las que había perdido. Quedé en shock cuando me entregó la bolsa y me dijo: "Feliz año nuevo de parte de Nordstrom".

Ese es el tipo de excelencia que quiero practicar como seguidor de Jesús. El propio ministerio de Jesús representa el epítome de la excelencia, ya que Marcos 7:37 dice: "Y en gran manera se maravillaban, diciendo: bien lo ha hecho todo; hace a los sordos oír, y a los mudos hablar. La gente estaba abrumada por el asombro. "Él [Jesús] ha hecho todas las cosas bien", dijeron. "Incluso hace que los sordos oigan y los mudos hablen". No solo hizo las cosas correctas en el momento apropiado, sino que también las hizo bien.

La palabra traducida "bien" en ese versículo es la palabra griega, kalos, que significa "excelencia, para que no haya lugar a la culpa". Jesús hizo lo que hizo con el corazón y los motivos correctos, y produjo excelencia en su ministerio. Él representaba a Dios, y su actitud y espíritu comunicaban excelencia a través de lo que era y lo que hacía. Para Jesús, la excelencia comenzó dentro de Él, pero no se completó hasta que se demostró en Sus acciones externas.

La gente en los días de Jesús no estaba acostumbrada a un estándar de excelencia de sus líderes religiosos. Sabían que los fariseos y los abogados enseñaban, pero no siempre practicaban la verdad. Cuando Jesús llegó y no solo predicó sobre la sanidad, sino que también sanó con compasión y sin condena, se sorprendieron. El mundo todavía tiende a sorprenderse cuando ven la verdadera excelencia en la Iglesia.

Esa palabra kalos se usa en varios otros versículos del Nuevo Testamento: un hombre que es considerado para el cargo de anciano "Que gobierne bien su casa...[kalos]" (1 Timoteo 3:4a); "Los ancianos que gobiernan bien [kalos], sean tenidos por dignos de doble honor..." (1 Timoteo 5:17a); y "Si en verdad cumplís la ley real, conforme a la Escritura: Amarás a tu prójimo como a ti mismo, bien hacéis [kalos]" (Santiago 2: 8).

Hay otra palabra griega que denota excelencia y es "arete". Se encuentra en 2 Pedro 1: 5, que dice: "Vosotros también, poniendo toda diligencia por esto mismo, añadid a vuestra fe virtud; a la virtud, conocimiento - excelencia [arete]" (RVR1960, énfasis añadido); Simplemente se refiere a cualquier excelencia moral en particular, ya sea honestidad, paciencia, generosidad o rasgos similares. Estos rasgos son internos y comienzan en el corazón.

El versículo final a considerar cuando definimos la excelencia se encuentra en 3 Juan 6b: "...y harás bien [kalos] en encaminarlos como es digno de su servicio a Dios..." Juan exhortaba a los hermanos a ofrecer una excelente hospitalidad y atención a los ministros visitantes. Describió este excelente cuidado como hospitalidad digna de Dios.

Para nuestra discusión, por lo tanto, definiremos la excelencia como "hacer todo lo que haces con un corazón recto y de una manera digna de Dios". Esta definición combina los conceptos encontrados tanto en "kalos" como en "arete", que son tanto externos (acciones) como internos (el corazón).

La excelencia no es nada menos que un trabajo digno de Dios de parte de quien lo hace y que proviene de una motivación del corazón de excelencia moral que es el opuesto directo del orgullo, la arrogancia, la vanidad o la codicia.

Esta definición de excelencia, que se refiere tanto a una

expresión interna como externa, es lo que Covey denominó el enfoque de la vida "de adentro hacia afuera"(inside-out-side):

> "El enfoque interno-externo [de la vida] dice que las victorias privadas preceden a las victorias públicas, que hacer y cumplir las promesas a nosotros mismos precede a hacer y cumplir las promesas a los demás. Dice que es inútil poner la personalidad por encima del carácter o tratar de mejorar las relaciones con los demás antes de mejorarnos a nosotros mismos".

La excelencia no puede ser inventada o una moda que un negocio, ministerio o persona decide perseguir. Debe ser un estilo de vida que comience en el corazón y fluya de allí al trabajo, y a la acción comunitaria y familiar consistente con esa condición del corazón.

Pablo instruyó a los colosenses acerca de la excelencia cuando escribió: " Y todo lo que hagáis, hacedlo de corazón, como para el Señor y no para los hombres; sabiendo que del Señor recibiréis la recompensa de la herencia, porque a Cristo el Señor servís" (Colosenses 3: 23-24). Pablo quería que hicieran todo con un corazón recto y no solo que los hombres lo notaran. Pero también quería que trabajaran duro para que los resultados visibles le dieran gloria a Dios que es digno de toda gloria.

He aprendido que la excelencia no es una excesiva atención a los detalles, como había pensado alguna vez. Más bien es una actitud de corazón que desea darle a Dios lo mejor en cada situación de la vida. Tú crías a tus hijos con excelencia porque Dios cuida a sus hijos con excelencia. Debido a que Dios merece tu mejor esfuerzo, buscas la excelencia en tu negocio, hogar y ministerio. Esta filosofía hace que lleves a cabo, incluso, las tareas más pequeñas con todo tu corazón porque sirves al Señor, cuyo nombre es excelente. Con esta actitud de corazón, creas una atmósfera de excelencia donde incluso los errores no pueden desmeritar el producto terminado porque se hizo de una manera digna de Dios.

En la búsqueda de la excelencia, sin embargo, la

sinceridad no es suficiente. El hecho de que nunca lograrás la perfección, no excusa el trabajo descuidado. Puedes ser sincero y encontrarte haciendo lo incorrecto o haciendo las cosas de manera sincera pero incorrecta. Incluso puedes tener un corazón puro y tierno hacia el Señor y su servicio, haciendo sinceramente cosas buenas para Dios. Pero la excelencia no proviene de buenas intenciones o de ser amable. Proviene de un esfuerzo concertado que se conformará con nada menos que lo mejor en cada situación.

Pregúntate: "¿Estoy produciendo una obra digna de Dios? ¿Lo que estoy haciendo refleja la excelencia, o solo mi mejor esfuerzo dadas las circunstancias? ¿Me conformo con algo bueno en lugar de lo mejor? Solo cuando abandonas "lo bueno" para darte a ti mismo y producir "lo mejor", puedes realmente producir excelencia y glorificar a Dios.

Es un poco sorprendente que Israel no comprendiera el tema de la excelencia ministerial, ya que el Antiguo Testamento ciertamente trató de crear la mentalidad adecuada en el pueblo de Dios para ello. Por ejemplo, Moisés, David y Salomón se adhirieron estrictamente a los planes de construcción que Dios les dio para el tabernáculo y el templo que construyeron utilizando solo los mejores materiales. Además, el de sacrificio, decretado por la Ley, requería que los animales que se ofrecieran no tuvieran mancha, lo mejor del rebaño. Las otras ofrendas para los sacerdotes y levitas debían ser "De aceite, de mosto y de trigo, todo lo más escogido, las primicias de ello, que presentarán a Jehová, para ti las he dado". (Números 18:12). En resumen, a la gente se le enseñó a darle al Señor la mejor obra de sus manos.

Jeremías escribió, "Maldito el que hiciere indolentemente la obra de Jehová" (Jeremías 48:10). No debía tolerarse una actitud "relajada" al trabajar para Dios. Malaquías reprendió a los sacerdotes por la manera casual en que llevaron a cabo la obra del Señor:

"El hijo honra al padre, y el siervo a su señor. Si, pues, soy yo padre, ¿dónde está mi honra? y si soy señor,

¿dónde está mi temor? dice Jehová de los ejércitos a vosotros, oh sacerdotes, que menospreciáis mi nombre. Y decís: ¿En qué hemos menospreciado tu nombre? En que ofrecéis sobre mi altar pan inmundo. Y dijisteis: ¿En qué te hemos deshonrado? En que pensáis que la mesa de Jehová es despreciable. Y cuando ofrecéis el animal ciego para el sacrificio, ¿no es malo? Asimismo cuando ofrecéis el cojo o el enfermo, ¿no es malo? Preséntalo, pues, a tu príncipe; ¿acaso se agradará de ti, o le serás acepto? dice Jehová de los ejércitos (Malaquías 1:6-8).

A través del profeta, el Señor reprendió a su pueblo porque no luchaban por la excelencia. Se acercaban a las cosas de Dios con la mentalidad de cortar camino en lugar de preguntar cómo podían presentar el mejor servicio y las mejores ofrendas posibles.

Quizás el ejemplo más poderoso de excelencia en el Antiguo Testamento se encuentra en 1 Reyes 10: 4-9:

"Y cuando la reina de Sabá vio toda la sabiduría de Salomón, y la casa que había edificado, asimismo la comida de su mesa, las habitaciones de sus oficiales, el estado y los vestidos de los que le servían, sus maestresalas, y sus holocaustos que ofrecía en la casa de Jehová, se quedó asombrada. Y dijo al rey: Verdad es lo que oí en mi tierra de tus cosas y de tu sabiduría; pero yo no lo creía, hasta que he venido, y mis ojos han visto que ni aun se me dijo la mitad; es mayor tu sabiduría y bien, que la fama que yo había oído. Bienaventurados tus hombres, dichosos estos tus siervos, que están continuamente delante de ti, y oyen tu sabiduría. Jehová tu Dios sea bendito, que se agradó de ti para ponerte en el trono de Israel; porque Jehová ha amado siempre a Israel, te ha puesto por rey, para que hagas derecho y justicia".

La reina de Saba estaba abrumada con Salomón. Contempló no solo la excelencia en acción, sino una felicidad igualmente impresionante. Esta reina pagana estalló en alabanzas ("Alabado sea el Señor tu Dios") cuando describió lo que había visto. ¿Cuándo fue la última vez que alguien comenzó a alabar a Dios cuando describió la calidad de tu trabajo, familia o ministerio?

En la tradición del excelente ministerio que me transmitieron Salomón, Jesús y muchos otros, quiero que mis folletos, sitios web, publicaciones de blog, correos electrónicos, sermones y trabajo en general, representen la excelencia de Aquel que me llamó de la oscuridad a su maravillosa luz. Quiero expresar mi creatividad trabajando para que sea lo mejor posible, sin comparar mis resultados con los de otro, a menos que esté mirando los de ellos para ver cómo puedo mejorar los míos. No soy perfecto, ni las cosas en las que trabajo son perfectas, pero puedo perseguir la excelencia con todo mi corazón y con una actitud adecuada.

> **Pepita de Oro #11**
>
> "¿Has visto hombre solícito en su trabajo? Delante de los reyes estará; No estará delante de los de baja condición." —Proverbios 22:29

Martin Luther King capturó este espíritu cuando dijo una vez: "Si un hombre es llamado a barrer la calle, debe barrer la calle incluso cuando Miguel Ángel pinta, o Beethoven escribe música, o Shakespeare escribe poesía. Debería barrer la calle tan bien que todas las huestes del cielo y la tierra digan: "Aquí vivía un gran barrendero que hacía bien su trabajo".

Dios ha puesto la búsqueda de la excelencia en ti. William Temple, quien se desempeñó como Arzobispo de Canterbury durante la Segunda Guerra Mundial, habló sobre ese hecho y dijo: "En la raíz de todo tu ser, tus estudios intelectuales, los juegos que juegas, lo que sea que hagas, el impulso para hacerlo bien es y debe entenderse como un impulso hacia Dios, la fuente de todo lo que es excelente". Amén y amén.

Pasemos ahora a una discusión sobre cómo puedes buscar la excelencia de forma continua.

Capítulo 13

Un Objetivo en Cada Árbol

Escuché la historia de un hombre que caminaba hacia cierta ciudad en esos días en que los hombres usaban el caminar como medio de transporte. Mientras caminaba, notó "objetivos" pintados en árboles, postes de cercas y graneros. Cada objetivo tenía un agujero de bala exactamente en el medio, un acierto en cada uno. Estaba impresionado con la puntería y estaba decidido a encontrar y conocer a este tirador tan pronto como llegara a la ciudad.

Cuando lo encontró, la primera pregunta que le hizo al hombre fue, cómo se había convertido en un tirador tan increíblemente preciso. Para su sorpresa, el hombre le dijo que no era un tirador en absoluto. ¡Él solo disparó primero y luego pintó el objetivo alrededor de donde aterrizó su disparo!

Así es como vivimos cuando no establecemos ningún objetivo. Ir por la vida como ese supuesto, tirador no refleja excelencia. Disparamos primero y hacemos que parezca que planeamos dónde impacta, pero ese no es el camino de la excelencia. El camino de la excelencia no implica oponer la menor "resistencia" porque, como dijo un hombre, "la menor resistencia, sirve solo para torcer tanto a los hombres como a los ríos". El camino de oponer la menor resistencia puede hacerte lucir bien y evitar el fracaso, pero si no apuntas a nada, seguramente a nada le atinarás. Si no estableces metas, no puedes lograr ninguna medida de excelencia, y tu propósito y creatividad languidecerán.

Consideremos otro ejemplo, esta vez del mundo del deporte. Vivo en Pittsburgh y soy un fanático del hockey. Nunca jugué hockey, pero voy a tantos juegos como me es posible. Yo suelo llegar al juego temprano porque disfruto los calentamientos. Disfruto ver cómo los equipos salen a patinar y observan el hielo. Durante el calentamiento, los jugadores patinan y disparan el disco al portero, que tiene alrededor de 100 libras de equipo, incluidas polainas grandes y pesadas de cuero.

Aunque me sentaba en lo alto de los asientos de la cubierta superior, todavía podía escuchar claramente el gran "Pum!", ya que los jugadores golpeaban al portero en esas polainas con sus palos para tener "buena suerte". Todos durante los calentamientos, los golpeaban: Pum!, Pum!, Pum! A medida que se acercaba el inicio del juego, los equipos tomaban un descanso final para ir a sus vestuarios, solo para regresar y hacer más golpeteos. Después del himno nacional, el árbitro dejaba caer el disco en el centro del hielo y el juego comenzaba.

Ahora imagina en tu mente que el árbitro tira el disco y que uno de los jugadores sobrepasa a su compañero de equipo. Mira a ese jugador correr por el hielo y dispararle al portero contrario. Visualiza el disco pasando al portero. La multitud se para, los jugadores miran, ¡pero, ay!, el árbitro olvidó poner la red de la portería! Nadie sabrá si ese disparo había alcanzado su objetivo o no. El juego, con toda su emoción y calentamiento previo al juego, no tendría sentido porque nadie sería capaz de determinar si ese jugador o el portero habían logrado los objetivos que se habían puesto. No se alcanzaría la excelencia para el portero o el tirador, porque no había metas establecidas.

Este escenario de hockey me recuerda cómo es a veces en el cuerpo de Cristo. Tenemos grandes estadios con capacidad para miles, y las personas llegan temprano para obtener un buen asiento. El personal está calentando y haciendo mucho ruido, como el ruido de "golpeteo" de los jugadores que golpean al portero. Jugamos, pero rara vez sabemos si hemos acertado o no hemos alcanzado la meta.

Luego nos cubrimos diciendo: "Solo queremos cualquier tamaño de iglesia que Dios quiera; no nos interesan los números "o" Si se ayudó a una persona, valió la pena ". No tenemos metas para la escuela dominical, asistencia o finanzas. Disparamos y luego pintamos un objetivo alrededor del lugar donde cayó el disparo. No hay objetivos y, por lo tanto, menos significado para el evento.

Podemos llevar esta misma mentalidad a nuestros hogares y negocios. Debido a que hay tantas variables, nos protegemos al tratar de estimar cuáles serán nuestros ingresos, dónde y cuándo iremos de vacaciones, y cuántos empleados tendremos el próximo año para esta época. Dudamos en establecer una meta para continuar nuestra educación o comprar un auto nuevo porque es posible que no logremos nuestra meta.

La vida tiene sentido cuando se establecen metas, y la verdadera excelencia se logra solo cuando establecemos metas altas. Sin esos elevados objetivos, te quedarás en la zona de confort de la vida. Con los objetivos, puedes comenzar a hacer "...todas las cosas mucho más abundantemente de lo que pedimos o entendemos, según el poder que actúa en nosotros" (Efesios 3:20).

Un hombre que logró "inconmensurablemente más" fue George Washington Carver. Carver era un científico afroamericano que vivió y trabajó justo después de la Guerra Civil, quizás el peor momento para que emergiera un líder negro en el sur devastado por la guerra y dividido por el racismo. Carver era un simple creyente; sin embargo, trabajando prácticamente solo, logró mejorar las condiciones de los granjeros del sur. En un momento en que su gente tenía pocas oportunidades, se destacó. ¿Cómo pudo Carver hacer esto? Lo hizo sirviendo a su Dios y estableciendo metas altas. Al principio de su carrera, Carver instó a los agricultores a plantar maní. Sin embargo, cuando llegó la primera cosecha, ¡no había mercado para todo ese maní!

Carver fue aplastado por su sensación de fracaso e ingenuidad. Una autobiografía no autorizada de Carver pero basada en historias reales de su vida, retoma la historia desde ese punto:

> Me retiré a mi laboratorio, solo allí podía evitar las caras de mis alumnos y amigos, solo allí podía estar solo. Pero, de alguna manera, sabía que no estaba solo, incluso en el silencio y la quietud, sentí otra

presencia. Cayendo de rodillas, rogué perdón a mi Salvador y Creador. Y mientras oraba, me puse de pie, salí del laboratorio y fui a los bosques y campos cercanos. El sol calentó mi piel, las suaves brisas refrescaron mi cuerpo. "Oh, Sr. Creador", le pregunté suavemente, "¿Por qué hiciste este universo?" Los vientos agitaron un poco los árboles, "Tu pequeña mente pregunta demasiado", fue la respuesta. "Pregunta algo más acorde a tu tamaño". Confundido, me froté la barbilla. "¿Para qué fue hecho el hombre?" Susurré. Una vez más, me pareció escuchar una voz en el viento: "Todavía estás preguntando demasiado hombrecito. Intenta una vez más". Caí de rodillas, "Sr. Creador, ¿por qué hiciste el maní? Una vez más, los vientos azotaron los árboles: "Ahora estás haciendo preguntas de tu propio tamaño. Juntos, encontraremos las respuestas".[2]

George Washington Carver primero estableció la meta de encontrar tantos usos para el maní tan rápido como pudiera. De sus experimentos, descubrió más de 300 usos para el maní. No solo descubrió la mantequilla de maní y el aceite de maní, sino que también encontró formas de hacer papel, pintura y pasta a partir de esa pequeña nuez. (En ese mismo laboratorio, Carver descubrió más de 100 usos para la batata). ¡En poco tiempo, los productores de maní apenas podían satisfacer la demanda del público por su cosecha!

Al principio, Carver había declarado objetivos que eran vagos e inalcanzables, queriendo entender el universo y a Dios mismo. Pero cuando fijó su mirada en una meta a su alcance, con la ayuda del Señor, se encontró en la carretera que conduce a la excelencia. Carver cambió el mundo de la agricultura porque estableció una meta exigente que requería la ayuda de Dios.

Recientemente, alguien me dio una copia de un discurso pronunciado ante un grupo de empleados de Alcoa por Pablo O'Neill, quien era en ese entonces vicepresidente de la compañía, quien más tarde se convirtió en presidente y luego se desempeñó como Secretario del Tesoro de los Estados Unidos. Una declaración que hizo, llamó mi atención: "Si tu calendario está lleno de personas que quieren verte en lugar de personas que quieres ver, no tienes la oportunidad de tener éxito".[3]

Según O'Neill, sus empleados necesitaban desarrollar su propia "agenda de acción" y no permitir que otros la establecieran por ellos si querían ser los mejores en lo que hacían. Él hablaba de una agenda de acción, pero en realidad estaba hablando de establecer objetivos y luego dejarles espacio en el flujo diario de los negocios.

Covey destaca este punto en su discusión sobre el primer hábito de las personas efectivas. Él lo llama "proactividad":

> [Proactividad] significa más que simplemente tomar la iniciativa. Significa que, como seres humanos, somos responsables de nuestras propias vidas. Nuestro comportamiento es una función de nuestras decisiones, no nuestras condiciones. Podemos subordinar los sentimientos a los valores. Tenemos la iniciativa y la responsabilidad de hacer que las cosas sucedan.[4]

En 1997, tomé mi primer curso de posgrado en el Seminario llamado Teología Sistemática. Disfruté muchísimo el curso, pero me enfrentó cara a cara con mi ignorancia teológica. Decidí hacer algo por mi falta de educación ministerial, a pesar de que no tenía ni el dinero ni el tiempo.

Me puse una meta en ese momento para obtener mi doctorado dentro de un período de ocho años. Al hacerlo, me graduaría cuando mi hijo se graduara de la escuela secundaria. No tenía idea de dónde vendría el tiempo y el dinero, pero era algo que quería y necesitaba hacer. Además, creía que el Señor había puesto esta meta en mi corazón.

Recibí mi doctorado en ministerio pastoral (lo hice en esos ocho años), y la gente comenzó a llamarme "Dr. John Stanko". Todo estuvo bien hasta 2005, cuando un periodista de investigación, que estaba investigando sobre falsos títulos de posgrado entre ministros, me buscó para informarme que la escuela de la que me gradué no había completado su acreditación. En cierto sentido, mi título no valía nada. ¿Cuál fue mi respuesta?

En 2007, a la edad de 57 años, regresé a una institución acreditada y obtuve mi Doctorado en Ministerio en 2011. No podía permitir que ese falso título obstaculizara cualquier oportunidad que el Señor me diera en el futuro, así que volví a la escuela. Utilicé mi proyecto de doctorado como base para un libro titulado "Cambiando la forma en que Hacemos Iglesia: 7 Pasos para una Reforma con Propósito" (Changing the Way We Do Church: 7 Steps to a Purposeful Reformation).

Mientras perseguía ambos grados, se liberó una dinámica espiritual a través de mi fe. El dinero siempre estaba allí para la matrícula, y el tiempo para estudiar y escribir documentos de alguna manera aparecía.

Y hablando de mis libros, comencé en 1995 con este libro como mi primer esfuerzo. Lo disfruté mucho y la respuesta fue tan estimulante que me propuse escribir un libro cada año a partir de ese momento. Me perdí uno o dos años, pero en 2007 tenía diez libros. A medida que crecía en fe y confianza, me preguntaba por qué me había limitado a un libro cada año. Me preguntaba cuál era mi potencial para publicar, y decidí establecer un objetivo más ambicioso. Al escribir estas líneas, tengo 28 libros, habiendo hecho 18 libros en 9 años. Además, comencé una editorial y en los últimos dos años, ¡he editado y ayudado a publicar 15 libros para otras personas!

¿Puedes ver cómo el establecimiento de objetivos mejoró mi propósito y liberó mi creatividad? ¿Ves cómo mis estudios de doctorado agregaron una importancia a mi predicación, a la escritura y a mi vida en general? Si solo hubiera hablado de obtener más educación o tomar algunos cursos, me habría quedado corto de todo lo que podía ser y hacer. Cuando establecí el objetivo primero y luego hice saber que esa era mi intención con la ayuda de Dios, se liberaron las finanzas, el tiempo y todo lo que necesitaba.

He mejorado en todo lo que hago porque estoy mejor equipado, lo que lleva a un mayor grado de excelencia en el ministerio.

> **Pepita de Oro #12**
>
> "En toda labor hay fruto;
> Mas las vanas palabras de los labios empobrecen."
> —Proverbios 14:23

Tal vez ese poder para alcanzar la excelencia reside en el compromiso que haces de hacer algo cuando estableces un objetivo. W. H. Murray escribió estas palabras sobre el compromiso:

> "Hasta que uno se compromete, hay dudas, la posibilidad de retroceder, siempre te quita eficacia. Con respecto a todos los actos de iniciativa, hay una verdad elemental, cuya ignorancia mata innumerables ideas y planes espléndidos, que en el momento en que uno se compromete definitivamente, la providencia también se mueve. Todo tipo de cosas ocurren para ayudar a alguien que de otra manera no hubiera ocurrido. Todo el flujo de eventos surgió de la decisión, planteando a su favor todo tipo de incidentes imprevistos y reuniones y asistencia material que ningún hombre podría soñar llegaría en su camino. He aprendido a respetar profundamente una de las coplas de Goethe:
>
> ¿Estás hablando en serio? Aprovecha este mismo minuto.
> Hagas lo que hagas o sueñes, puedes comenzarlo.
> La audacia tiene genio, poder y magia en ella.
> Solo participa y luego la mente se calienta,
> Comience y el trabajo se completará".

Cuando llegas a la carretera hacia la excelencia y quemas tus puentes de dudas y preocupaciones detrás de ti, comienza la emoción. El apóstol Pablo entendió este principio y tuvo una vanguardia en su ministerio que ayudó a poner el mundo al revés. Miremos a Pablo y aprendamos cómo puedes liberar esa misma dinámica de excelencia en tu vida, trabajo y ministerio.

Capítulo 14

La Anatomía de una Meta

Antes de continuar, definamos qué es una meta. Mi definición de una meta es: una visión de cómo es, antes de que sea. Eso convierte una meta en algo que requiere fe, "Es, pues, la fe la certeza de lo que se espera, la convicción de lo que no se ve". (Hebreos 11: 1). Veremos la fe más de cerca en el Quinto Principio de la Mina de Oro. Mientras que algunos pueden ver el establecimiento de metas como incompatible con la espiritualidad, yo veo las metas como algo totalmente consistente, ya que requieren fe. Y la fe en el Señor siempre conduce a excelentes resultados.

Otros afirman que no son hábiles para establecer metas. Sin embargo, siempre les pregunto a esas mismas personas si ellas oran. Cuando dicen que sí, les pregunto si una petición en una oración no es realmente una meta. Cuando oras, comienzas con lo que es antes de que sea y para ver cómo sucede. Ves a alguien que no conoce al Señor y le dices que lo conocerán; estás visualizando una meta, aplicando tu fe en la oración y trabajando para que se cumpla.

En un sentido menos espiritual, les pregunto si alguna vez han tenido una lista de compras cuando van a la tienda. Esa es una meta de todo lo que les gustaría traer a casa de su expedición de compras. ¿Qué tal un menú para una comida? Esa es una meta, y con toda probabilidad, la persona ve la comida en la mesa antes de comenzar a cocinar, tal vez mientras está comprando. ¿Y qué hay de la Navidad o cualquier otra ocasión especial? Pregunto si planean el día: qué sucederá, qué juegos o actividades se llevarán a cabo y a quién se invitará. Todas estas son metas básicas, por lo que cualquiera que diga que no está capacitado para establecer metas simplemente no entiende lo que es una meta.

De hecho, el hombre es de naturaleza teleológica. Esa es una gran palabra que simplemente significa que los humanos están diseñados para perseguir una meta y tener un propósito. Somos como misiles que buscamos nuestros objetivos. En ausencia de una meta, dejamos de tener una razón para vivir, y el número de muertos entre las personas recientemente retiradas que no tienen un plan para su jubilación es testigo de esa verdad. Si no tienes una meta, adoptarás una meta general, y eso será para hacer que el día de hoy sea lo más cercano posible al de ayer. ¡Tu objetivo será mantener el status quo, por lo que el cambio es tan difícil de aceptar, ya que el cambio está interfiriendo con el objetivo!

Cuando comparto todo esto con las personas, de repente ven lo cómodos que deberían estar para establecer metas que requieren fe en el gran poder de Dios. Y, de hecho, aquellos que logran un estándar de excelencia son a menudo aquellos que saben cómo establecer metas, orar y tener fe, tal como lo hizo George Washington Carver.

También podrías decir que una meta es un resultado final que se logra a través de los sueños, la planificación y la diligencia. Ese proceso te motiva a comenzar y te mantiene en marcha cuando las cosas parecen ir mal. A menudo utilicé mi imaginación para visualizar un determinado objetivo, y luego traté de elaborar un plan de acción para ayudarme a lograr lo que "vi". Ese proceso me ha permitido concentrarme en el final y lograr cosas que comenzaron como sueños (incluido este libro).

Estás creado a imagen de Dios, lo que te hace una criatura asombrosa. Esta visualización no eres tú diciéndote a ti mismo lo que vas a hacer. Este es un esfuerzo cooperativo entre el Espíritu Santo y tú. Por ejemplo, José en el Antiguo Testamento tuvo una visión de su familia inclinándose ante él. No decidió un día que él sería la cabeza. El Espíritu del Señor se lo mostró a él. Y le costó bastante verlo cumplido, como veremos más adelante.

Para más evidencia de que establecer metas es un ejercicio espiritual, considera al Apóstol Pablo. Puede parecer extraño decir que Pablo tenía metas, ¡pero las tuvo! No difundía el evangelio al azar. Más bien tenía un plan con estrategias específicas para lograr lo que hizo. Considera estos versículos escritos por el propio Pablo como prueba de este punto:

- Así que, yo de esta manera corro, no como a la ventura [un objetivo]; de esta manera peleo, no como quien golpea el aire (1 Corintios 9:26 RVR1960).

- Y de esta manera me esforcé [establecer una meta] a predicar el evangelio, no donde Cristo ya hubiese sido nombrado, para no edificar sobre fundamento ajeno, (Romanos 15:20 RVR1960).

- Pues el propósito de este mandamiento es el amor nacido de corazón limpio, y de buena conciencia, y de fe no fingida (1 Timoteo 1: 5 RVR1960).

- Para lo cual también trabajo, luchando según la potencia de él, la cual actúa poderosamente en mí. (Colosenses 1:29 RVR1960).

- Pasadas estas cosas, Pablo se propuso (establecer una meta) en espíritu ir a Jerusalén, después de recorrer Macedonia y Acaya, diciendo: Después que haya estado allí, me será necesario ver también a Roma. (Hechos 19:21 RVR1960).

Sin embargo, es Filipenses 3:14 (RVR1960), lo que da la anatomía bíblica de una meta: "prosigo a la meta, al premio del supremo llamamiento de Dios en Cristo Jesús". Ese versículo nos da la anatomía simple de una meta. Primero, una meta introduce tensión y oposición. Es por eso que a la mayoría de la gente no le gustan los objetivos. Probablemente sientan que tienen más que suficiente tensión y oposición como para introducir más en su vida. Pero Pablo "persiguió", y eso significa que algo debe haber estado en contra de él. Dado ese hecho, Pablo tuvo que proseguir a través de lo que estaba siendo contrario a él con mayor fuerza si quería llegar a alguna parte. Él entendió que una meta lo ayudaría a hacer exactamente eso.

Jesús debe haber entendido eso también porque " puestos los ojos en Jesús, el autor y consumador de la fe, el cual por el gozo puesto delante de Él sufrió la cruz, menospreciando el oprobio, y se sentó a la diestra del trono de Dios". (Hebreos 12:2). La meta para Jesús era el asiento a la diestra de Dios. Para llegar allí, presionó a través de la Cruz y su vergüenza. Si una meta hizo eso por Jesús, hará lo mismo por ti.

Como ya se mencionó, un objetivo para mí era mi doctorado. A veces todo en mí quería ver televisión, pero sabía que tenía que hacer una tarea del curso. En otras ocasiones, quería comprar una revista Time en un aeropuerto para poder leer tranquilamente. No podía hacer eso porque tenía que completar la lectura de mi clase si quería cumplir mi objetivo y perseguir la excelencia. Había algo levantándose en contra de mí, y tuve que vencerlo. El objetivo a cumplir, mi doctorado, me ayudó a hacer eso.

Mi objetivo de escribir libros, es otro ejemplo. Antes de siquiera escribir un libro, paso un tiempo pensando en cómo firmaré el libro para las personas que solicitan un autógrafo antes de comenzar a escribir. Luego me veo sentado en una mesa, firmando ese saludo en el libro y luego entregándolo a un cliente sonriente. Esa visión y luego la meta, me ayudan a superar el ajetreo de la vida que trata de convencerme de que no termine la tarea.

Si ya tienes tensión y oposición en tu vida sin objetivos, ¿por qué no estableces algunos objetivos de dónde quieres ir? Entonces la presión y la oposición tendrán algún significado porque están llegando para evitar que llegues a donde quieres ir. Tu deseo de lograr tu objetivo te dará un incentivo para superarlo todo y tener éxito.

Segundo, Filipenses 3:14 enseña que una meta ofrece

un premio. Cuando estableces un objetivo, pueden suceder dos cosas: puedes lograrlo o no intentarlo. En el juego de establecimiento de objetivos, hay ganadores y perdedores. Eso es parte de la vida, pero con demasiada frecuencia puedes intentar ir a lo seguro. No hay premio o excelencia en vivir así. Si estableces la meta, existe la posibilidad de no lograrlo; pero si no estableces la meta, no existe posibilidad alguna de lograrlo. Hay una gran diferencia.

Algunas personas espirituales se sienten incómodas con el concepto de ganar y perder. No quieren jugar el juego, por así decirlo, ya que requiere más esfuerzo, agresividad y fuerza de voluntad de lo que creen que las personas verdaderamente espirituales deberían ejercer. Se sienten más cómodos permitiendo que las cosas sucedan en lugar de ayudar a que las cosas sucedan. Sin embargo, el éxito nunca es un accidente, incluso para las personas espirituales. Las metas te dan concentración y energía, y son una parte importante de tu caminar con el Señor.

Luego, una meta es hacia arriba o progresiva. Te acerca a Dios y a todo lo relacionado con él (si es realmente un objetivo centrado en Dios). Nuevamente, me baso en mi experiencia de volver a la escuela. Mis estudios de doctorado me enseñaron mucho sobre el Señor y su Palabra. Ese objetivo no era solo académico; era también espiritual. Y porque así fue, me acercó al Señor y me dio un mayor amor por Él, Su pueblo y Su Palabra. Casi cualquier objetivo te enseña más sobre ti y el Señor. Te da un testimonio cuando lo logras, y te hace orar en busca de respuestas y soluciones a los problemas que trae la meta.

Y finalmente, una meta implica un llamado, una tarea específica que Dios ha establecido antes de que tu la hagas. Es mi creencia que el Señor puso el deseo de mi título en mi corazón en primer lugar. Lo que logré fue algo que Él me había propuesto hacer. Depende de mí lograrlo con la creatividad que he desarrollado y los dones que me ha dado. Efesios 2:10 es claro que Dios ha establecido un curso que debemos navegar por fe: "Porque somos hechura suya, creados en Cristo Jesús para buenas obras, las cuales Dios preparó de antemano para que anduviésemos en ellas". Sostengo que esas buenas obras no se harán por sí solas o sin un plan. Una vez que identifique las buenas obras, solo las cumplirás con objetivos proactivos.

Es más, esas buenas obras son parte de tu potencial pero no sabrás cuál es ese potencial en su máxima expresión hasta que comiences. Tu potencial para escribir un libro puede ser de cinco o veinticinco libros, y no lo sabrás hasta que comiences a escribir. El punto es que los objetivos te ayudarán a descubrir y alcanzar tu potencial, que puede continuar expandiéndose a medida que seas fiel para hacer lo que puedas, hoy.

Pablo estableció metas que fueron inspiradas por el Espíritu Santo, y ayudó a cambiar el mundo con el mensaje del Evangelio. No solo corrió la carrera de la manera que eligió. Estableció el curso poniéndose metas y luego lo ejecutó con disciplina y propósito. Hoy en día, muchos todavía emulan el método del ministerio de Pablo porque establece un estándar muy alto de efectividad y excelencia. Al igual que Pablo, quien se enfrentó a dificultades cuando persiguió sus objetivos, tú también encontrarás cualquier cantidad de obstáculos que se interpongan en tu camino al tratar de ganar el premio al final de tu objetivo.

En cierto sentido, la pelota está en tu cancha. Puedes disfrutar de la presencia y la misericordia de Dios, pero Dios no te da esas cosas porque quiere que te sientas bien. Él quiere que des fruto y hagas cosas más grandes de las que incluso Jesús hizo. Estas son las palabras de Jesús que explican la voluntad de Dios en lo que respecta a tu fruto:

> "De cierto, de cierto os digo: El que en mí cree, las obras que yo hago, él las hará también; y aún mayores hará, porque yo voy al Padre. Y todo lo que pidiereis al Padre en mi nombre, lo haré, para que el Padre sea glorificado en el Hijo. Si algo pidiereis en mi nombre, yo lo haré". (Juan 14:12-14).
>
> "Permaneced en mí, y yo en vosotros. Como el

pámpano no puede llevar fruto por sí mismo, si no permanece en la vid, así tampoco vosotros, si no permanecéis en mí. Yo soy la vid, vosotros los pámpanos; el que permanece en mí, y yo en él, éste lleva mucho fruto; porque separados de mí nada podéis hacer. El que en mí no permanece, será echado fuera como pámpano, y se secará; y los recogen, y los echan en el fuego, y arden. Si permanecéis en mí, y mis palabras permanecen en vosotros, pedid todo lo que queréis, y os será hecho". (Juan 15:4-7).

"No me elegisteis vosotros a mí, sino que yo os elegí a vosotros, y os he puesto para que vayáis y llevéis fruto, y vuestro fruto permanezca; para que todo lo que pidiereis al Padre en mi nombre, él os lo dé". (Juan 15:16).

Dios persigue algo, y tú eres parte de Su plan. No recibas su gracia en vano. Úsala más bien para establecer metas altas y cuenta con esa gracia para ayudarte a triunfar creativamente con excelencia. Con eso en mente, pasemos ahora a una discusión sobre aquellas cosas que obrarán en contra tuya para lograr tus objetivos y cómo puedes minimizar su efecto.

Capítulo 15

Tus Objetivos Tienen Enemigos

Hay cuatro enemigos que trabajan en tu contra para que no establezcas o persigas tus objetivos. Siempre aparecen cada vez que piensas o estableces un objetivo. Si conoces a estos enemigos, puedes reconocerlos, ya que a menudo se disfrazan y parecen ser excusas razonables y racionales de por qué no puedes hacer lo que te gustaría hacer. De alguna manera, son consistentes con el dilema que Pablo describió como presente en su propia vida: "Y yo sé que en mí, esto es, en mi carne, no mora el bien; porque el querer el bien está en mí, pero no el hacerlo. Porque no hago el bien que quiero, sino el mal que no quiero, eso hago". (Romanos 7: 18-19). Echemos un vistazo a los cuatro enemigos de tus objetivos con más detalle y luego desarrollaremos algunas estrategias para ayudarte a evitarlos.

Enemigo #1: Incredulidad

Durante los primeros años, cuando pastoreé una pequeña iglesia, teníamos un sistema de sonido terrible. Teníamos un par de bafles, micrófonos baratos, y estábamos contentos con eso durante mucho tiempo. La iglesia ayunó durante tres semanas un enero, como era nuestra costumbre. Durante ese ayuno, determiné (y sentí que era la voluntad de Dios) que era hora de que tuviéramos un sistema nuevo y mejor, por lo que se convirtió en nuestro objetivo. Poco después, escuchamos acerca de un sistema en venta que tenía todo lo que necesitábamos. Solo había un problema: nuestra falta de dinero.

La iglesia no tenía ahorros, ni teníamos muchos

miembros de altos ingresos. Sin dejar que eso nos disuadiera, le dijimos al hombre que compraríamos su sistema. Luego anuncié que se realizaría una ofrenda especial dos semanas después. Esa ofrenda fue un milagro. Un hombre recibió un pago inesperado de una compañía de seguros, y donó ese dinero para pagar la mitad del sistema. Todavía no estoy seguro de dónde vino el resto del dinero, pero pudimos pagar ese sistema en efectivo. Ese objetivo nos ayudó a tener una mejor calidad de audio que contribuyó a nuestra búsqueda de la excelencia ministerial.

Mirando hacia atrás, puedo ver que soporté un sistema de sonido inadecuado durante años porque teníamos una iglesia pequeña, y no creía que Dios pudiera darnos nada más. Esa actitud representa el primer y más formidable enemigo que trabaja en contra de tus objetivos: la incredulidad. El escritor de Hebreos nos dice:

> "¿Quiénes fueron los que, habiendo oído, le provocaron? ¿No fueron todos los que salieron de Egipto por mano de Moisés? ¿Y con quiénes estuvo él disgustado cuarenta años? ¿No fue con los que pecaron, cuyos cuerpos cayeron en el desierto? ¿Y a quiénes juró que no entrarían en su reposo, sino a aquellos que desobedecieron? Y vemos que no pudieron entrar a causa de incredulidad". (Hebreos 3:16-19).

Este pasaje equivale a incredulidad y desobediencia. Si caminas con incredulidad, estás siendo desobediente, y eso es pecado, no importa cómo lo presentes.

Una vez, mi familia alquiló una casa que tenía un cobertizo pequeño en frente de la entrada para poner los botes de basura. Una mañana salí para llevar unas latas y mientras lo hacía, no me di cuenta de que había una gran telaraña a la altura de mi cabeza. Esa telaraña actuó como una red y se pegó a mi cabello como pegamento. Regresé adentro y me paré frente al espejo para quitarme la telaraña del cabello y se me ocurrió la idea: "Así es la incredulidad". Puedes entrar y no darte cuenta hasta que sea demasiado tarde. Se aferra a ti y requiere un poco de esfuerzo lograrlo.

Por ejemplo, un día puedes pensar: "Necesito aprender inglés". Si no tienes cuidado, inmediatamente entrarás en la red de incredulidad y pensarás: "No, no puedo. No tengo tiempo, además, no era bueno en idiomas en la escuela. Tal vez cuando mis hijos estén en la universidad, tenga tiempo para hacerlo".

O tal vez tienes la idea de que quieres aprender a tocar el piano. Pero luego la web te atrapa con un pensamiento como: "Oh, es demasiado tarde en la vida. No tengo el tiempo ni la paciencia para practicar". La red de la incredulidad viene sobre ti y se te adhiere como pegamento. Estás paralizado en esa red y tienes miedo de cambiar.

Te daré otro ejemplo de lo que quiero decir. Una vez tuve un auto que comenzó a darme todo tipo de problemas. Después de dos o tres fallas importantes, todavía estaba decidido a ser un buen administrador y no comprar otro. El problema era que me encontraba dando testimonio a cada conductor de grúa dentro de un radio de 50 millas de donde vivía. Le dije al Señor: "Dios, si quieres que testifique a estos hombres, ¡por favor envíalos a mi iglesia y no que me recojan en mi auto averiado!" Pero todavía estaba decidido a ser un "buen administrador".

Finalmente, me varé en "Perdido Key", Alabama, y tuve que ser remolcado a más de 85 millas de regreso a casa. Eso fue suficiente. Cuando llegué a casa, fui a un concesionario Dodge y dije: "Quiero una Dodge Caravan". El vendedor preguntó: "¿Cuál?" y respondí: "No me importa, solo dame tu mejor opción". Firmé el papel en la línea de abajo y conduje esa camioneta a casa.

No tenía el dinero en mi presupuesto para el pago inicial o el pago mensual de $429.52. Sin embargo, pagué ese auto en poco tiempo y fue una gran bendición por más de 120,000 millas. Al principio no creía que el Señor pudiera darme un auto nuevo. Pero luego decidí que si podía tener fe para que funcionara el anterior, podría tener fe para poder hacer los pagos de uno nuevo.

Puedes querer tener lo último en tecnología, un nuevo

equipo musical o un título avanzado. ¿Te separan $ 400 por mes de poder iniciar tu carrera o ministerio o hacer que lo que tienes en la actualidad sea más productivo? ¿Es eso fe? Si te tomas en serio la excelencia y hay algo que necesitas para ayudarte a lograrla, ¿estás dispuesto a usar tu fe para obtenerla? Nuevamente, es fácil hablar de excelencia, pero no siempre es cómodo perseguirla.

No es la fe lo que requiere que sepas todo desde el principio antes de salir y hacer algo. Es presunción y orgullo insistir en que el Señor te muestre todo antes de confiar en Él y dar el primer paso. ¿Abraham no salió de su país sin saber a dónde iba? ¿Dios le explicó todo antes de irse? Por supuesto que no lo hizo, por lo que elogió a Abraham por su fe y lo convirtió en padre de la fe porque Abraham escuchó a Dios y actuó. Se espera que sigas sus pasos.

Ahora puedes pensar que estoy enseñando sobre la "deuda" aquí, pero no lo estoy haciendo. David describió lo que yo intento transmitir cuando escribió:

> "Porque Jehová es excelso, y atiende al humilde, Mas al altivo mira de lejos. Si anduviere yo en medio de la angustia, tú me vivificarás; Contra la ira de mis enemigos extenderás tu mano, Y me salvará tu diestra. Jehová cumplirá su propósito en mí; Tu misericordia, oh Jehová, es para siempre; No desampares la obra de tus manos". (Salmo 138:6-9 RVR1960).

La conclusión es esta: ¿Crees que el Señor se interesa en tus necesidades y las proverá, independientemente de lo imposible que parezca? Si no lo haces, entonces estás caminando en desobediencia, porque se te ordena tener fe. Si crees eso, ¿qué estás preparado para hacer al respecto?

Hubo un tiempo en que confié en el Señor por más de $ 2 millones de dólares en ingresos del ministerio. Podría hacerlo en parte porque aprendí a confiar en él por un pago mensual de $429 dólares. Volveremos al tema de la fe en la Sección Cinco, pero por ahora terminemos nuestra discusión sobre la incredulidad con un poema: No hay emoción en la facilidad de navegar, cuando el cielo está despejado y azul.

> "No hay alegría en solo hacer cosas, lo que cualquiera puede hacer. Pero hay algo de satisfacción increíblemente dulce cuando llegas a un destino que creías que nunca llegarías".—Anónimo

Establecer metas en la fe te ayudará a llegar a donde creías que nunca podrías llegar. Te proporcionará tus mejores testimonios de cómo el Señor te ayudó a hacer lo imposible mientras confiabas en Él. Si persigues los objetivos correctos, aumentará tu nivel de excelencia, liberando tu creatividad y permitiéndote cumplir tu propósito.

Enemigo #2: Baja autoestima

El otro gran enemigo de tus objetivos es la baja autoestima. Apliqué principios de sanidad interior y liberación en mi consejería pastoral, pero después de 20 años de ministerio, llegué a la conclusión de que si sufres de baja autoestima, realmente estás en un lugar bastante bueno. Ahora, antes de decirme que estoy equivocado, déjame explicarte lo que quiero decir.

Pablo escribió en Romanos 7:15, "Lo que quiero hacer, no lo hago", y como vimos en el versículo 18 arriba, "Y yo sé que en mí, esto es, en mi carne, no mora el bien; porque el querer el bien está en mí, pero no el hacerlo". Algunos piensan que Pablo estaba hablando de su vida antes de Cristo cuando escribió esto, mientras que otros piensan que estaba afirmando un hecho de la vida que era cierto incluso, después de la conversión.

Pablo estaba describiendo su verdadera condición actual cuando escribió esos versículos. Después de todo lo que Pablo había aprendido y hecho, sabía que no había nada en él que fuera "bueno". Lo mismo es cierto para ti, si te detienes y piensas en ello. No hay nada en ti que puedas presentar a Dios, que sea aceptable a Su vista. Gracias a Dios ese no es el final de la historia, porque Él te dio al Espíritu Santo como pago inicial de la gloria que aún está por venir. ¡No recibiste un pedacito o parte de la expresión del Espíritu Santo, sino el mismo Espíritu Santo que resucitó a un hombre de los muertos (Jesús)!.

Si sientes que no vales mucho, ¡puede que tengas razón! Puede que no haya algo bueno en tu carne, pero el Espíritu en ti, te ha hecho y te está convirtiendo en una nueva creación. Centra tu valor en lo que el Espíritu está construyendo en ti, y tendrás una nueva visión de lo que puedes lograr a través de esa asociación. También te darás cuenta de que tu habilidad para lograr grandes cosas para el Señor no depende de cómo tu padre te trató o cómo tu madre te cambió los pañales.

Pablo también escribió en Gálatas 2:20 (RVR1960), "Con Cristo estoy juntamente crucificado, y ya no vivo yo, más vive Cristo en mí; y lo que ahora vivo en la carne, lo vivo en la fe del Hijo de Dios, el cual me amó y se entregó a sí mismo por mí ". Ahora, puede ser difícil para ti pensar en Pablo como muerto y sin valor. Luego escribió: "Soy el peor [de todos los pecadores]" (1 Timoteo 1:15). Puedes pensar que Pablo solo decía eso con humildad religiosa, pero era verdad. Pablo fue lo peor. Era un asesino y pensó que le estaba haciendo un favor a Dios al matar gente. En esencia, él decía: "Ya no soy yo quien vive, sino es Cristo quien vive conmigo, y estoy tan contento. Deja que brille a través de mí y déjame ser la vasija a través de la cual trabajas"

Pepita de Oro #13

"Porque Jehová será tu confianza."
—Proverbios 3:26

Pablo también explicó su ministerio en términos de lo que Dios estaba haciendo en él:

> Del cual yo fui hecho ministro por el don de la gracia de Dios que me ha sido dado según la operación de su poder. . . Y a Aquel que es poderoso para hacer todas las cosas mucho más abundantemente de lo que pedimos o entendemos, según el poder que actúa en nosotros" (Efesios 3:7,20).

Las frases "trabajando" y "en el trabajo" provienen de la palabra griega "energeia", y es la palabra de la que se deriva la palabra "energía". Había una energía divina en Pablo que provenía del Espíritu Santo. ¿Será diferente para ti? Tú no harás grandes y excelentes cosas para Dios por el solo hecho de ser inteligente, talentoso o dotado. Dios usará esas cosas, pero tu trabajo es lograr tus objetivos.

Pablo oró por los efesios para que supieran "Y cuál la extraordinaria grandeza de su poder para con nosotros los que creemos, según la acción de su fuerza poderosa". (Efesios 1:19). Tienes poder a través de la fe. Si deseas poder ser excelente, enfoca tu fe en metas altas. Quita tus ojos de tus insuficiencias y de la grandeza del poder. Dios solo hará "y cuál la supereminente grandeza de su poder para con nosotros los que creemos". Si no hay poder trabajando en ti, entonces Dios no puede hacer más. Es así de simple.

Enemigo #3: Temor

El tercer enemigo que tienes en el establecimiento de objetivos es el temor que discutimos anteriormente como parte de nuestra naturaleza adámica. Heredamos el síndrome del temor de nuestros primeros padres. Puedes estar tan paralizado por el temor que puedes no intentar hacer nada, y eso puede incluir temor al fracaso, éxito, críticas, perder al Señor, pobreza, lesiones, pérdida de relaciones y muerte. Esta verdad se me ocurrió cuando estaba leyendo la sección de deportes un día.

Cuando Pete Rose, ex gran jugador de béisbol, se estaba acercando al récord de más éxitos en la base de su carrera, una estadística interesante me llamó la atención. Rose tuvo más de 4,000 oportunidades de batear y tuvo un promedio de bateo en su carrera de poco más de 300. Eso significaba que había llegado a batear más de 14,000 veces. Si tuvo 4,000 oportunidades, significa que no logró batear más de 10,000 veces!. Por cada oportunidad al bate (su objetivo cada vez que pisó el plato), tuvo 2.5 fallas. Sin embargo, fue considerado un gran jugador hasta que sus problemas de carácter lo tumbaron.

¿Tus fracasos pasados o el miedo a los nuevos tienden a mantenerte en el banquillo? Por miedo a que te golpees, ¿ni siquiera lo intentarás? ¿Tienes tanto miedo de hacer lo incorrecto, que pierdes la oportunidad de hacer lo correcto? Si respondiste «sí» a alguna o todas esas preguntas, entonces tienes un problema con el miedo al fracaso y necesitas enfrentarlo y deshacerte de él.

Puede que te ayude a darte cuenta de que los errores y los fracasos son parte del proceso de aprendizaje. No disciplinas a un niño que está aprendiendo a caminar cuando ese niño se cae. Como está aprendiendo, lo alientas a seguir intentándolo. Pete Rose no nació sabiendo cómo golpear una pelota de béisbol. Es lo mismo con la vida y con los objetivos, incluso los espirituales.

La gente me pregunta de vez en cuando, cómo aprendí a planificar conferencias. (Este es otro aspecto de crear orden a partir del caos. Cuando comienzo a planear una conferencia, no hay nada allí; sin embargo, el orden surge de este vacío cuando voy a trabajar). Aunque la mayoría de mis conferencias han transcurrido sin problemas, he tenido mi parte de fracasos. Esos fracasos me han enseñado más que mis éxitos. Si eso es cierto, ¿fueron esos "fracasos" realmente fracasos o fueron realmente éxitos que me enseñaron principios importantes a través de circunstancias difíciles? Incluso un jugador de béisbol puede ponchar solo para aprender algo sobre el lanzador que le permita pegar un jonrón la próxima vez que llegue al plato. De repente, su ponche no es un fracaso, sino una experiencia de aprendizaje en el camino hacia el éxito.

Una vez planeé una reunión en Dallas que fue un desastre. La noche anterior al evento, soñé que la reunión era un desastre. En mi sueño, Me metía al baño a las 3 de la mañana, para no despertar a mi compañero de cuarto, y tomaba notas, de 14 cosas que salían mal en la reunión.

Cuando desperté a la mañana siguiente, compartí el sueño con mis compañeros de trabajo pero no lo tomamos muy en serio hasta que nos dimos cuenta que llegaron solo 300 personas de las 1.200 que estábamos esperando para la reunión. Fue un desastre financiero y espiritual. Fue doloroso, y nunca quiero volver a tener una reunión así. Pero viví y aprendí a través de eso (y tú también lo harás) cuando "falles".

Luego está la pregunta que la gente siempre hace: "¿Cómo puedo estar seguro de que lo que quiero hacer es del Señor?" Mi respuesta es siempre la misma: "¿Cómo sabes que no es así?" Debes aprender a dejar de hacer que (por temor al fracaso y la incredulidad) el Señor demuestre que tu idea es de Él y pídele pruebas de que no es así.

Como ayuda adicional en este asunto, considere lo que dice Proverbios 16:3 en la Versión Amplificada:

> "Encomienda a Jehová tus obras, y tus pensamientos serán afirmados.; Él hará que sus pensamientos sean agradables a su voluntad, y así se establecerán y triunfarán sus planes".

¿No es una meta del Espíritu Santo darte la mente de Cristo? ¿Puede suceder esto y ni siquiera te das cuenta? Puedes tener la mente de Cristo, y esto ocurre de una manera sobrenaturalmente natural. ¿Cómo esperas que suceda, con rayos y centellas? Deja de descartar tus ideas por "insignificantes"; pueden estar cargadas de potencial, esperando que tú las aceptes y actúes en consecuencia.

¿Todavía no estás convencido? entonces considera lo que Lucas escribió para abrir su Evangelio: «me ha parecido también a mí, después de haber investigado con diligencia todas las cosas desde su origen, escribírtelas por orden, oh excelentísimo Teófilo,» (Lucas 1: 3). Él no escribió que el Señor lo llevó a escribir o que cinco profetas hablaron una palabra para que él escribiera. Más bien escribió: «Me pareció bien». Lucas tuvo una buena idea que era sobrenaturalmente natural.

Fue el Espíritu Santo quien impulsó esa idea, y fue parte del propósito de Lucas. Él luego expresó su creatividad (el evangelio fue escrito con su vocabulario y desde su perspectiva) y produjo una obra que ha durado 2.000 años. ¡El resultado fue la palabra de Dios en el Evangelio de Lucas! Tus ideas y metas que provienen de tener la mente de Cristo son la clave de tu éxito mientras buscas la excelencia.

Mira la meta impulsada por el Espíritu Santo que Jonatán estableció en 1 Samuel 14. El rey Saúl y 600 hombres estaban acampando "debajo de un árbol de granada en Migrón" (1 Samuel 14: 2). Todos los días realizaban simulacros, actuando como un ejército en todos los sentidos, excepto en uno: si sus enemigos estaban en los lugares altos, Saúl no los atacaba. Él estaba jugando al soldado!

Jonatán, por otro lado, le dijo a su escudero: "Ven y pasemos a la guarnición de los filisteos, que está de aquel lado". (1 Samuel 14: 1). Eso fue más fácil decirlo que hacerlo. Jonatán había elegido un objetivo difícil: "En cada lado del camino que Jonatán tenía la intención de cruzar para llegar al puesto avanzado filisteo, era un acantilado" (1 Samuel 14: 4). Jonathan, sin embargo, no se inmutó:

> "Dijo, pues, Jonatán a su escudero: Ven, pasemos a la guarnición de estos incircuncisos; quizá haga algo Jehová por nosotros, pues no es difícil para Jehová salvar con muchos o con pocos". (1 Samuel 14:6).

Jonatán no estaba buscando una forma de descartar su idea. No le estaba pidiendo a Dios que lo probara enviando un profeta o algún otro mensajero milagroso. Jonatán facilitó que el Señor confirmara lo que se propuso hacer: "Si nos dijeren así: Esperad hasta que lleguemos a vosotros, entonces nos estaremos en nuestro lugar, y no subiremos a ellos. Mas si nos dijeren así: Subid a nosotros, entonces subiremos, porque Jehová los ha entregado en nuestra mano; y esto nos será por señal". (1 Samuel 14: 9-10). ¡Qué fe!

Si yo fuera filisteo, por supuesto llamaría a Jonatán para que subiera. ¿Por qué debería dejar la ventaja de mi lugar alto? Sin embargo, Jonatán eligió la respuesta natural de sus enemigos para confirmar su objetivo. Para él, confirmó que tenían miedo y que él tendría el elemento sorpresa de su lado. No estaba buscando una salida de la meta que se había fijado, sino una forma de lograrla.

Mientras los ejércitos de Dios marchaban por el valle, Jonatán escalaba los muros de sus enemigos. ¿Quién tenía el estándar de excelencia: Saúl que estaba entrenando al ejército en el valle o Jonatán que salió y realmente trajo la victoria? Tal vez Saúl quería que su ejército fuera el mejor entrenado, ¡pero esa no era la clave de la excelencia para un ejército rodeado de sus enemigos! Quizás Jonathan no lo hizo tan bien como lo habría hecho Saúl, pero sabía cómo establecer un objetivo que fuera alto y divinamente inspirado, y no temía al fracaso.

Cuando discutimos el concepto de baja autoestima anteriormente, vimos que hay energía trabajando en ti a través del Espíritu Santo. 2 Corintios 6:1 aumenta tu comprensión de esta energía cuando se refiere a ti como «Colaborador de Dios». La palabra griega para «colaborador» es sunergeia, de donde se deriva la palabra «sinergia». Bien definida, la sinergia es «La acción de coordinación de dos o más causas o partes (elementos) cuyo efecto es superior a la suma de efectos individuales». ¡Sinergia significa que uno más uno es igual a tres, cinco o diez!

Covey escribió que la sinergia es el sexto hábito de las personas efectivas y es la sinergia entre las personas, un lugar común para que ocurra. ¡La sinergia que describió Pablo es entre tú y Dios! ¡Imagina el poder que está presente cuando Dios es tu «compañero de trabajo».

«Tú + Dios = sinergia» de primer orden. Él podría cumplir su propósito sin ti, pero ha decidido no hacerlo. Trabajar con Dios puede hacer más que lo que puedes hacer tú solo. Esa relación de trabajo puede producir excelencia porque el que es excelente puede reproducir su excelencia a través de lo que hace.

La Biblia enseña: "Cinco de vosotros perseguirán a cientos, y cientos de vosotros perseguirán a diez mil, y vuestros enemigos caerán a filo de espada delante de vosotros". (Levítico 26: 8). Sin sinergia, dos solo deberían poder hacer huir a 40. ¡Pero trabajar juntos aumentará cinco veces los resultados de la batalla de dos personas!

Pablo te llama a ti y a mí «colaboradores» de Dios. Debido a con quién trabajas, debes vestirte y actuar como el compañero de trabajo de Dios. Ese hecho no depende de cómo te sientas, dónde has estado o cuántas fallas has tenido. La sinergia se mantiene cuando te entregas al propósito y a las metas de Dios.

¡Sacúdete el espíritu de fracaso! Alguien dijo una vez: "Dios está jugando ajedrez con el hombre; Él coincide con cada uno de sus movimientos. Muévete y mira a Dios moverse contigo". Otra persona dijo: "Nadie puede ser un completo fracaso, ya que puede servir como un horrible ejemplo para otra persona". Incluso si fallas, alguien puede señalarte y decir: "Cuando crezca, no seré así".

Antes de continuar, puede sorprenderte que enumere el éxito como uno de los miedos en mi lista anterior. La mayoría de las personas no ven cómo pueden tener miedo de lo que creen que están persiguiendo, pero pueden hacerlo. Es posible que tengas miedo de comenzar un negocio porque puede crecer más allá de tu capacidad de administrarlo, eso es miedo al éxito. Es posible que no compongas tu primera canción o poema porque no estás seguro de si podrás mantener tu creatividad, eso es miedo al éxito. Cualquier miedo es insidioso y rara vez aparece como un fantasma en las horas nocturnas; más bien como dije antes, es racional y parece tener sentido. Pero no es cierto, porque cualquier temor es debilitante e impío, porque Dios no nos ha dado un espíritu de cobardía (ver 2 Timoteo 1: 7).

Además, deja de sorprenderte de que puedas tener miedo. ¿Esperas algo? ¡Ve a buscarlo! No tengas miedo de encontrar el miedo, ya que está al acecho en alguna parte, escondiéndose detrás de una excusa bien intencionada o creíble.

Enemigo #4: Falta de diligencia

El enemigo final que discutiremos en este capítulo es la falta de diligencia. Puedes subestimar fácilmente lo que se necesitas para lograr tu objetivo y, a veces, quieres darte por vencido. Cuando dices: "Señor, quiero que me uses", el Señor a menudo responde: "¿En serio? Bueno, solo firma este contrato". Cuando estudias el contrato, sin embargo, no hay nada en la página. El Señor luego dice: "Bueno, solo fírmalo, y luego completaré los términos".

> **Pepita de Oro #14**
>
> "El indolente ni aun asará lo que ha cazado; pero haber precioso del hombre es la diligencia.."
> —Proverbios 12:27 (RVR1960)

Eso es lo que hizo el Señor en mi propio llamado al ministerio. Esperé 16 años por un púlpito. Fui llamado al ministerio cuando tenía siete años; Cuando conocí al Señor a los 23, Él confirmó mi llamado. ¡Cinco años después, me mudé a Mobile, Alabama, donde prediqué dos veces en 11 años! Fui uno de los hombres más jóvenes en un equipo de ministerio pastoral de 20 hombres. ¡Allí estaba, orando para que 19 hombres delante de mí "se fueran a casa" o fueran transferidos para poder tener la oportunidad de ministrar!

Durante esos largos años, sin embargo, utilicé el segundo hábito de Covey, tener "el final en mente", para ayudarme a preparar. Quería que la gente me recordara como un gran predicador (todavía tengo formas de hacerlo), así que comencé a prepararme para ser un gran predicador. Durante esos 11 años, planeé, me preparé y soñé para el día en que consiguiera un púlpito.

Analicé sermones y ví qué funcionó y qué no. Me prediqué a mí mismo, a mis hijos, al pez de la pecera, a célula en casa y a cualquiera que escuchara. Al mismo tiempo, el Señor trabajó algo del carácter en mí que sería necesario para el ministerio al que fui llamado. Cuando finalmente fui a Orlando a ser pastor, estaba listo porque había sido diligente. Discutiré mi llamado al ministerio nuevamente en la Sección Cinco.

Incluso hay un mejor ejemplo en el Antiguo Testamento de lo que estoy tratando de decir. Anteriormente en esta sección mencioné que en el libro de Génesis, José tuvo dos sueños, ambos indicando que su familia se inclinaría ante él. José tenía 17 años cuando tuvo esos sueños. Poco después, sus hermanos lo vendieron como esclavo. Cuando llegó a Egipto, José sirvió fielmente como sirviente en la casa de Potifar. La esposa de Potifar intentó seducirlo, pero cuando él no sucumbió a sus pretensiones, ella mintió y afirmó que él intentó abusar de ella. Eso llevó a José a la cárcel.

Cuando tenía 30 años, o unos 13 años después de sus sueños, José fue llevado ante Faraón e interpretó sus sueños. Faraón estaba tan impresionado que promovió a José para ser su segundo al mando, pero la historia no terminó allí. José necesitaba ser más diligente antes de que se cumpliera el sueño o la meta.

José luego llevó a Egipto a través de siete años de abundancia. Para entonces, tenía 37 años y todavía no había señales de que sus sueños se cumplieran. No fue hasta el segundo año de la hambruna (véase Génesis 45: 6) que José se reveló a sus hermanos. Justo antes de eso, se nos dice que José "recordó sus sueños acerca de ellos" (Génesis 42: 9).

Si tienes problemas para recordar tus sueños de anoche, ¿cómo logró José mantener sus sueños vivos durante al menos 22 años? Los mantuvo frescos en su mente al ensayarlos. A pesar de que todo parecía ir en contra de sus sueños, José fue diligente en la cárcel, en la casa de Potifar y como vicepresidente del faraón. ¡José sabía cómo mantener la meta frente a él! Mantuvo un estándar de excelencia sin importar lo que estaba haciendo y ese estándar lo llevó a su promoción y al cumplimiento de los sueños que el Señor le había dado.

He tratado de ser diligente en mi búsqueda de propósito y creatividad. Eso me ha llevado a escribir 790 cartas semanales llamadas El Memo del Lunes (The Monday Memo) y regalarlas. Me ha hecho escribir un devocional diario y regalarlo a través de Facebook, Twitter, LinkedIn y mi propio blog personal. Escribí un estudio bíblico semanal durante nueve años que me permitió redactar un devocional para cada versículo del Nuevo Testamento. He escrito 28 libros. Entiendes la idea, espero. Trabajarás para lograr tus objetivos, pero será divertido y Dios estará contigo.

    La lección para ti es ser diligente. Usa el tiempo que tienes ahora para prepararte para el día en que alcanzarás tu objetivo. Si mantienes tu objetivo frente a ti, independientemente de lo que las circunstancias parezcan, estarás motivado para producir excelencia, incluso si lo que estás haciendo parece totalmente ajeno al objetivo que estás persiguiendo.

    Te insto a enfrentar a los enemigos de tus objetivos y aprender a dominarlos. Lidia con la telaraña de la incredulidad. Haz caso omiso de la baja autoestima. Enfrenta la verdad, reconoce tus miedos y deja de permitir que te detengan en seco. Aplica la diligencia necesaria para ver cómo lo que comenzó, llega a un exitoso final. Si estás dispuesto a hacer todo esto, continúa con el próximo capítulo, que te guiará en un ejercicio para ayudarte a formular y anotar tus objetivos.

Capítulo 16

Establezcamos Algunos Objetivos

Al comenzar este capítulo, veamos Habacuc 2:1-5:

"Me mantendré alerta, me apostaré en los terraplenes; estaré pendiente de lo que me diga, de su respuesta a mi reclamo. Y el Señor me respondió: "Escribe la visión, y haz que resalte claramente en las tablillas, para que pueda leerse de corrido. Pues la visión se realizará en el tiempo señalado; marcha hacia su cumplimiento, y no dejará de cumplirse. Aunque parezca tardar, espérala; porque sin falta vendrá. »El insolente no tiene el alma recta, pero el justo vivirá por su fe. Además, la riqueza es traicionera; por eso el soberbio no permanecerá. Pues ensancha su garganta, como el sepulcro, y es insaciable como la muerte. Reúne en torno suyo a todas las naciones y toma cautivos a todos los pueblos".

Este pasaje, tiene los pasos básicos de cómo establecer tus propios objetivos. Veámoslo frase por frase.

1. **Me pararé en mi guarda y me estacionaré en las murallas**. En primer lugar, aléjate del teléfono y de todas las demás distracciones. Ve a la biblioteca, un parque público, el santuario de tu iglesia o tu lugar favorito de oración. Si estas tomando esto realmente en serio, puedes ayunar antes de comenzar o durante el proceso, si sientes el deseo.

Luego, "colócate en las murallas". Supera la situación en la que vives ahora. Olvídate del dinero (o la falta de él), la educación, tu trabajo actual o la falta de oportunidades de ministerio o avances en tu carrera. Recuerda que "y juntamente con él nos resucitó, y asimismo nos hizo sentar en los lugares celestiales con Cristo Jesús," (Efesios 2: 6). Toma tu lugar con Cristo y menosprecia tu vida.

Ejercita tu fe creyendo que "en su corazón un hombre planea su curso, pero el Señor determina sus pasos" (Proverbios 16: 9), comienza a examinar cada área de tu vida. Pregúntate en dónde quieres estar y qué te gustaría lograr en los próximos dos años en tu trabajo, ministerio, familia, finanzas, salud y vida espiritual. A medida que formulas objetivos, pregúntate qué debes hacer para hacer realidad esos objetivos.

Por ejemplo, si debes escribir semanalmente para terminar en dos años. Si quieres o necesitas leer más, ¿cuántos libros leerás por mes y qué tipo de libros serán?

2. Miraré para ver qué me va a decir. Debes estar dispuesto a agregar a tus metas aquellas cosas que pueden ser inesperadas o que parecen fuera de lugar desde tu punto de vista, porque pueden ser del Señor. Es posible que nunca hayas pensado en continuar tu educación, pero sientes que puede ser un problema sobre el cual el Señor está hablando. Si es así, conviértelo en un objetivo. Recuerda no descartar algo de inmediato como ridículo o descabellado. Ejercita un poco tu fe y haz algo para ver si el Señor confirma tus pensamientos y deseos inesperados.

Tómate el tiempo también para renovar esos sueños pasados que has abandonado debido a responsabilidades familiares, falta de tiempo o dinero, o desánimo. Deja que el Señor reviva esos viejos "náufragos" en metas activas una vez más.

No puedo dejar de resaltar la necesidad de que tomes en serio tus revelaciones y pensamientos durante este proceso. No te apresures a descartarlos porque son demasiado "salvajes o imposibles". Al mismo tiempo, tener como meta un disparo con el que patearás el gol ganador en la próxima Copa Mundial cuando tengas 52 años y no estés en buena forma, ¡es en realidad una meta basada en el miedo! Tienes tanto miedo de no poder hacer lo que está en tu corazón que elegirás algo ridículo que posiblemente no puedas lograr. Con toda probabilidad, tus mayores objetivos de crecimiento han estado en tu corazón durante mucho tiempo, pero el miedo no te ha permitido aceptarlos de la manera más factible o posible. Entonces convenientemente los eludes o ignoras. Ve lo que Dios te dirá y encuentra la manera de hacerlo en lugar de encontrar excusas para no hacerlo o elegir escenarios imposibles.

3. Escribe la revelación. No solo pienses en tus objetivos; escríbelos! Y no solo escríbelos en un trozo de papel o en un block de notas que pueda extraviarse fácilmente. Redacta tus objetivos en algo que lleves contigo a todas partes. Eso es ciertamente más fácil de hacer que cuando escribí este libro por primera vez en 1995. Estoy seguro de que tienes un dispositivo móvil que sería un archivador perfecto de tu lista de objetivos. La idea es mantener tus objetivos delante de ti para que no puedas ignorarlos.

En el Salmo 50:17, el Señor reprendió a su pueblo: "Pues tú aborreces la corrección, y echas a tu espalda mis palabras". Cuando tienes una meta y crees que es algo que el Señor ha puesto en ti para hacer, no arrojes esas palabras detrás de ti. Mantenlas frente a ti. Escribirlas te ayuda a mantenerlas presentes. Anotar los objetivos también ayuda a garantizar que los tomes en serio. Además, evita que abandones esos objetivos durante los momentos difíciles.

4. Porque la revelación espera un tiempo señalado. Una meta no es realmente una meta hasta que se haya elaborado un cronograma para su cumplimiento. Una vez que hayas respondido lo que harás, debes decidir cuándo esperas completarlo. Hasta que eso suceda, una meta aún vive en la tierra de los sueños.

Dicho esto, quiero poner algunas limitaciones a eso. Si tu objetivo es perder 25 libras, y es enero, y estableces el 31 diciembre como la fecha para completarlo, ese no es un objetivo oportuno. Eso se llama postergar, ya que te dirá a tí mismo en febrero: "Tengo diez meses" y en abril: "Todavía tengo ocho meses". En cierto sentido, todas tus metas son ahora metas que deben perseguirse ahora y lograrse lo antes posible. No uses tus fechas de finalización para crear un comportamiento evasivo. ¡Úsalas para crear urgencia!

Como se mencionó anteriormente, su jefe, el rey, le preguntó a Nehemías: "¿Cuánto tiempo durará tu viaje y cuándo volverás?" Nehemías respondió: "agradó al rey enviarme, después que yo le señalé tiempo" (Nehemías 2: 6). Nehemías ni siquiera había visto a Jerusalén ni el alcance de la tarea, pero estableció un calendario lo mejor que pudo.

Robert Schuller, un televangelista muy famoso en su tiempo, escribió una vez:

> "Cuando establezca objetivos, establezca un límite de tiempo para ellos. Sin ello, normalmente y naturalmente se vuelve perezoso y letárgico con más frecuencia de lo que quiere admitir. Es sorprendente cuánto puede lograr en un corto período de tiempo si la presión está activa. ¿Qué hace cuando no ha logrado cumplir con su límite de tiempo y se hace evidente que el proyecto llevará más tiempo de lo esperado? Sigue caminando en fe. Revisa su horario: "No es imposible, solo lleva un poco más de tiempo". De repente, proyectos aparentemente inalcanzables se vuelven muy realistas. ¿Qué puede lograr si se toma diez años? Es posible que pueda obtener un nuevo título. Quizás pueda adquirir una base financiera mucho más grande. Incluso podría superar esa desventaja. Siga caminando el camino de la fe. No deje de creer; solo revise el horario! En cualquier momento llega la respuesta. Dios nunca prometió responder cuando se lo ordenemos en nuestros horarios (énfasis agregado)".[6]

Una vez que hayas establecido un límite de tiempo, estarás listo para el siguiente paso...

5. Aunque se demore, espera. Schuller habló de la necesidad de flexibilidad en la cita anterior, y tiene razón. El establecimiento de objetivos no es una ciencia sino un arte. No tienes un conocimiento perfecto y no puedes prever lo inesperado. ¡Si pudieras, es posible que no inicies el viaje de tu objetivo en absoluto! Tú haces tus mejores estimaciones, dándote cuenta de que puedes necesitar más tiempo.

Schuller también escribió:

"Dale tiempo a Dios y Él hará el milagro. Cuando la condición humana parece ser totalmente imposible, no desistas; pide una extensión de tiempo. El letrero del hotel dice: "La hora de salida es a las 12:00 del mediodía". ¡No lo creas si te encuentras con una situación difícil! Pregunta y cree. Extenderán el tiempo de salida. Simplemente no te quedes encerrado en un horario revestido de hierro. No rindas el liderazgo a un reloj o calendario. Por supuesto que estableces metas con fecha de vencimiento. Por supuesto que generas energía creando urgencia. ¡Pero prepárate para revisar tu horario antes de enterrar tu sueño! Cada hora que pasa de cada día que pasa y cada mes nuevo aumentan la posibilidad de que las cosas cambien. Lo que puedes necesitar no es más fe, sino más paciencia. Lo imposible puede ser posible cuando se mira a largo plazo. A medida que caminamos el camino de la fe, debemos volvernos más como Dios. Y una cualidad de Dios es su inconmensurable paciencia y actitud paciente. ¿Qué grandes hechos imposibles podrías lograr si tuvieras una meta de cuarenta años? Si estás tentado a abandonar tu sueño, ¡no lo hagas"![7]

He descubierto que normalmente alcanzaré aproximadamente un tercio de mis objetivos anualmente, en otro tercio veré algún progreso, mientras que el tercio final puede que muera poco después de que se establezca. Intento nunca descartar este último, sino reevaluarlo anualmente y llevarlo al año siguiente.

Este libro tardó más en escribirse y publicarse de lo que esperaba. Mis estudios de doctorado tomaron uno o dos años más de lo que esperaba. Pero estaba más avanzado incluso con los retrasos que si hubiera esperado a que todo fuera perfecto antes de comenzar.

Antes de cerrar esta sección, hay otros dos aspectos importantes de la fijación de objetivos que debes recordar. El primero es compartir tus objetivos con alguien de confianza. Job 22:28 (RVR1960) dice: "Determinarás así mismo una cosa, y te será firme, y sobre tus caminos resplandecerá luz". Entonces Malaquías 3:16 (RVR1960) dice: "Entonces los que temían a Jehová hablaron cada uno a su compañero; y Jehová escuchó y oyó, y fue escrito libro de memoria delante de él para los que temen a Jehová, y para los que piensan en su nombre . . . ".

Esos dos pasajes atestiguan el hecho de que, cuando declaras tus metas, se libera una dinámica espiritual invisible y una energía descrita anteriormente en este capítulo. Tu compromiso con un curso de acción se sella cuando lo compartes con alguien, porque a partir de ese momento, ese alguien es libre de preguntarte: "¿Cómo te va con ese objetivo?".

¡El segundo y último aspecto es tener coraje y actuar! El coraje no es la ausencia de miedo, sino actuar en medio de él. David dijo a su hijo, Salomón:

> "Dijo además David a Salomón su hijo: Anímate y esfuérzate, y manos a la obra; no temas, ni desmayes, porque Jehová Dios, mi Dios, estará contigo; él no te dejará ni te desamparará, hasta que acabes toda la obra para el servicio de la casa de Jehová".
> (1 Crónicas 28:20).

Terminemos mirando un último versículo del libro de Nehemías, la historia de un hombre que reunió a la gente hacia una meta común. Nehemías 6:15-16 dice:

"Fue terminado, pues, el muro, el veinticinco del mes de Elul, en cincuenta y dos días. Y cuando lo oyeron todos nuestros enemigos, temieron todas las naciones que estaban alrededor de nosotros, y se sintieron humillados, y conocieron que por nuestro Dios había sido hecha esta obra".

Comprométete a hacer algo grandioso para el Señor, ve hasta el final, hazlo con excelencia y luego observa cómo los enemigos de Dios se desaniman. Ahora que has comenzado a establecer metas, la siguiente sección te ayudará a administrar tu tiempo para que tus metas puedan encontrar un lugar en tu apretada agenda.

PRINCIPIO DE LA MINA DE ORO #4

Manejo del Tiempo

No te Conformes con el Oro de los Tontos

"La mano negligente empobrece; Más la mano de los diligentes enriquece".
—Proverbios 10:4

Capítulo 17

Lo que un Libro Atemporal Dice Sobre el Tiempo

Un número de la revista "Bits and Pieces" (pedazos y piezas) contenía esta sugerente cita de Susan Ertz: "Millones que anhelan la inmortalidad no saben qué hacer con ellos mismos un domingo lluvioso después del mediodía".[1] Esta cita describe perfectamente a algunas personas que conozco. Tienen buenas intenciones y mucha visión, pero pierden tiempo y nunca parecen estar a la altura de su potencial. Lo que es más, el propósito de Dios sufre con ellos, ya que desperdician el bien más preciado de todos: su tiempo.

Hace un tiempo, me encontré con un número de la revista "Christian History" (Historia Cristiana) que se centró por completo en la vida y el ministerio de Charles Haddon Spurgeon, el gran predicador y autor británico del siglo XIX. Se dedicaron dos páginas a hechos inusuales sobre este hombre productivo y su ministerio, algunos de los cuales pertenecen directamente a nuestro estudio de manejo del tiempo. Considera estos hechos sobre Spurgeon:

- El Púlpito de "New Park Street" y El Púlpito del "Tabernáculo Metropolitano" —son una compilación de sesenta y tres volúmenes de sermones de Spurgeon durante su ministerio con esa congregación. Los 20-25 millones de palabras de los sermones son equivalentes a los 27 volúmenes de la novena edición de la Enciclopedia Británica. La serie se erige como el mayor conjunto de libros de un solo autor en la historia del cristianismo.

- Spurgeon generalmente leía seis libros por semana y podía recordar lo que había leído, y dónde, incluso años después.
- Durante su vida, se estima que Spurgeon predicó a 10,000,000 de personas.
- Spurgeon pasó 20 años estudiando el libro de los Salmos y escribiendo su comentario sobre ellos, "El Tesoro de David".
- Al aceptar algunas de sus muchas invitaciones para hablar, Spurgeon a menudo predicaba 10 veces en una semana.
- Spurgeon a menudo trabajaba 18 horas al día. El famoso explorador y misionero David Livingstone una vez le preguntó: "¿Cómo logras hacer el trabajo de dos hombres en un solo día?" Spurgeon respondió: "Te has olvidado de que somos dos". [2]

Spurgeon era un hombre y ministro talentoso, pero también sabía cómo administrar su tiempo y aprovechar al máximo cada día. ¿Quién no querría dejar el legado que, pero quién está dispuesto a pagar el precio que pagó?

He subtitulado esta sección "No te conformes con el oro de los tontos" porque he leído bastante sobre la fiebre del oro de California en la década de 1850. Durante ese tiempo, personas de todo el mundo vendieron todas sus posesiones y viajaron a California, a menudo solo con la ropa que llevaban puesta, para buscar fortuna personal. Algunos la encontraron y otros dieron sus vidas en una búsqueda inútil.

Imagina a alguien pagando el precio para venir a California y luego un día descubriendo un objeto brillante en el suelo. Suponiendo que fuera oro, presentaron su reclamo solo para descubrir que vendieron todo lo que tenían no por oro, sino por algo que solo se parecía al oro: el oro de los tontos.

Así es como puede ser contigo. Puedes estar ocupado y llenar cada día con actividades bien intencionadas. Puedes trabajar duro y colapsar en el agotamiento cada noche. Al final del día, sin embargo, es posible que solo tengas "oro de tonto" como recompensa de tu trabajo porque perdiste tu tiempo trabajando en actividades que no representaban el mejor uso de él. Esas actividades no estaban relacionadas con tu propósito ni tus dones creativos, y tus metas se lograron, pero al nivel del "oro de los tontos".

El escritor de Eclesiastés lo expresó de esta manera: "Si se usa un hacha sin filo hay que hacer doble esfuerzo, por lo tanto, afila la hoja. Ahí está el valor de la sabiduría: ayuda a tener éxito. (Eclesiastés 10:10 NTV). El mal manejo del tiempo es como cortar madera con un hacha sin filo; eventualmente puedes hacer el trabajo, pero requiere mucha más energía que si usas un hacha afilada. Ser hábil en el uso del recurso del tiempo te ayuda a encontrar el oro real que estás buscando, y ese oro está funcionando creativamente en tu propósito mientras trabajas en tus objetivos como lo discutimos en las secciones anteriores. Antes de discutir cómo afilar tu hacha, echemos un vistazo rápido a algo que la Biblia enseña sobre el tiempo:

1. Josué 10:9-14

"Y Josué vino a ellos de repente, habiendo subido toda la noche desde Gilgal. Y Jehová los llenó de consternación delante de Israel, y los hirió con gran mortandad en Gabaón; y los siguió por el camino que sube a Bet-horón, y los hirió hasta Azeca y Maceda. Y mientras iban huyendo de los israelitas, a la bajada de Bet-horón, Jehová arrojó desde el cielo grandes piedras sobre ellos hasta Azeca, y murieron; y fueron más los que murieron por las piedras del granizo, que los que los hijos de Israel mataron a espada. Entonces Josué habló a Jehová el día en que Jehová entregó al amorreo delante de los hijos de Israel, y dijo en presencia de los israelitas:

Sol, detente en Gabaón; Y tú, luna, en el valle de Ajalón.

Y el sol se detuvo y la luna se paró, Hasta que la gente se hubo vengado de sus enemigos. ¿No está escrito esto en el libro de Jaser? Y el sol se paró en medio del cielo, y no se apresuró a ponerse casi un día entero. Y no hubo día como aquel, ni antes ni después de él, habiendo atendido Jehová a la voz de un hombre; porque Jehová peleaba por Israel".

En esta historia, vemos que Josué necesitaba más tiempo para hacer la tarea que tenía que hacer. Él y su ejército marcharon toda la noche sin dormir, pero el Señor fortaleció a la gente para luchar al día siguiente. Luego, cuando Josué no pudo terminar la batalla, oró para que el sol se detuviera, e hizo exactamente eso, y lo hizo durante todo un día. Entonces Josué y sus hombres se quedaron despiertos por segunda noche consecutiva para terminar el trabajo. ¡Sé lo cansado que puedo estar después de sólo unas pocas horas de sueño, pero Josué y sus hombres estuvieron despiertos durante 72 horas y aún podían funcionar!

Algunos comentaristas interpretan que el sol quieto significa que el Señor realmente "congeló" el sol en la misma posición durante casi un día. Otros creen que de alguna manera el Señor empoderó a la gente para luchar, y pudieron lograr mucho en un período de tiempo inusualmente corto; para ellos, significa que el sol solo parecía estar quieto.

Sea lo que haya pasado, Josué confió en el Señor por más tiempo, y lo consiguió. Como Josué sabía cuál era el oro real, utilizó eficientemente el tiempo que tenía y luego ejerció la fe por el tiempo extra que necesitaba para hacer el trabajo. Se negó a conformarse con el "oro de los tontos".

Estoy seguro de que estás aprendiendo a confiar en el

Señor para las finanzas, cambios necesarios en tu corazón y las oportunidades de ministerio o carrera. Pero también debes aprender a confiar en Él por el tiempo, porque Él es el Señor de tu tiempo. Él puede hacer cosas milagrosas por ti tal como lo hizo por Josué.

2. Eclesiastés 3:1-8

Todo tiene su tiempo,
y todo lo que se quiere debajo del cielo tiene su hora.
Tiempo de nacer,
y tiempo de morir;
tiempo de plantar,
y tiempo de arrancar lo plantado;
tiempo de matar,
y tiempo de curar;
tiempo de destruir,
y tiempo de edificar;
tiempo de llorar,
y tiempo de reír;
tiempo de endechar,
y tiempo de bailar;
tiempo de esparcir piedras,
y tiempo de juntar piedras;
tiempo de abrazar,
y tiempo de abstenerse de abrazar;
tiempo de buscar,
y tiempo de perder;
tiempo de guardar,
y tiempo de desechar;
tiempo de romper,
y tiempo de coser;
tiempo de callar,
y tiempo de hablar;
tiempo de amar,
y tiempo de aborrecer;
tiempo de guerra,
y tiempo de paz.

Una vez leí ese pasaje y me pregunté: "¿Cómo puedo saber con certeza qué hora y temporada es? ¿Cómo puedo saber cuándo derribar o construir? ¿Hablar o callar? ¿Buscar o dejar de buscar?

> **Pepita de Oro #15**
>
> "El que recoge en el verano es hombre entendido; El que duerme en el tiempo de la siega es hijo que avergüenza." —Proverbios 10:5

Las respuestas a esas preguntas no se pueden encontrar en un sistema con reglas sobre qué hacer y cómo hacerlo en cada situación. Simplemente había demasiadas opciones ante mí todos los días, para intentar seguir un conjunto de reglas. Comencé a encontrar mis respuestas a esas preguntas primero en 1 Crónicas 12:32, que describe a los hombres de Isacar como aquellos "entendidos en los tiempos, y que sabían lo que Israel debía hacer".

Los hijos de Isacar, como Josué antes que ellos, sabían lo que debían hacer. Sabían que era la temporada para instaurar a David como rey, y dieron su tiempo para cumplir esa tarea. Si ellos sabían cómo invertir su tiempo, yo pensé que yo también podría hacerlo. Sin embargo, ¿cómo lo sabían con certeza?

Eso me llevó a Juan 7:17, que dice: "El que quiera hacer la voluntad de Dios, conocerá si la doctrina es de Dios, o si yo hablo por mi propia cuenta". Eso me dijo que si me comprometía a hacer la voluntad de Dios en cada situación antes de saber qué era, Él me mostraría cuál era su voluntad para mi vida y mi tiempo. Finalmente, leí que "Porque todos los que son guiados por el Espíritu de Dios, éstos son hijos de Dios". (Romanos 8:14), y mi respuesta fue completa. Como era un hijo de Dios, su Espíritu me llevaría a saber qué hora es, si estoy comprometido a hacer la voluntad de Dios, sea lo que sea.

Después de todo, si Dios quiere que haga Su voluntad, y lo hago, entonces debe revelarme y a ti, cuál es Su voluntad. Si abro las líneas de comunicación al ceder mi poder de crítica o análisis sobre lo que Dios dice antes de saber lo que Él dirá, entonces el gran Comunicador revelará Su voluntad. Ten en cuenta también que este compromiso de hacer lo que Dios dice antes de que yo lo entienda es una expresión de fe, nuestro próximo y último "Principio de la Mina de Oro".

Para mí, ese es el secreto básico del buen manejo del tiempo. El Espíritu puede ayudarte a ordenar tus prioridades y guiarte de la forma en que debes gastar tu tiempo, si realmente quieres saberlo. Nunca puede haber un conjunto de reglas para gobernar cada situación que se presente en tu camino; en un día será hora de construir, y en el siguiente será tiempo de derribar. Solo el Espíritu puede mostrarte lo que hay que hacer, y solo tú puedes decidir dedicar tu tiempo a lo que el Espíritu te indica que hagas.

3. Proverbios 3:1-2

> "Hijo mío, no te olvides de mi ley, y tu corazón guarde mis mandamientos; Porque largura de días y años de vida y paz te aumentarán".

Algunos asesores y sistemas en administración del tiempo, intentan ayudarte a aprovechar más tiempo cada día, y algunos incluso prometen ayudarte a encontrar dos horas o más por día. Pero una mejor organización no es la forma más efectiva de ganar tiempo. La obediencia a la voluntad de Dios es la única forma en que realmente puedes tener más tiempo.

> **Pepita de Oro #16**
>
> "Porque por mí se aumentarán tus días, y años de vida se te añadirán."
> —Proverbios 9:11

Si obedeces lo que el Espíritu Santo te indica que hagas, tu obediencia extenderá tus años y aumentará la cantidad de tiempo que tienes disponible. Eso es lo que le sucedió a Josué y te sucederá a ti. Muchas veces he tenido mucho que hacer. Sin embargo, cuando he seguido la voluntad del Señor para mi tiempo, Él me ha dado sobrenaturalmente más tiempo para ponerme al día con las cosas. Hubo momentos en que pasé tiempo con mis hijos a pesar de que tenía un informe en el que debía trabajar. Hubo otros momentos en que renuncié a lo que estaba trabajando para obedecer la solicitud de mi supervisor de un artículo urgente. Hubo momentos en que oraba a pesar de tener una reunión temprano en la mañana para la que no me había preparado. En cada caso, el Señor me ayudó con el tiempo que me quedaba porque confiaba en Él obedeciendo Su voluntad para el tiempo que tenía. Él realmente puede prolongar los días de tu vida si mantienes Sus mandamientos en tu corazón.

4. 2 Pedro 3:8

Otro aspecto importante del tiempo que debes entender, es que Dios rara vez tiene prisa, o llega tarde. El Señor no está comprometido con nuestro concepto de tiempo, pero espera que caminemos de acuerdo con Su perspectiva. Pedro nos dio una idea importante cuando escribió: "Mas, oh amados, no ignoréis esto: que para con el Señor un día es como mil años, y mil años como un día". Siempre pensé que eso sonaba muy espiritual hasta que un día hice algunas matemáticas simples y obtuve una mejor comprensión.

Si divides 24 horas en 1,000 años, puedes ver que cada hora con el Señor equivale a casi 42 años; si divides 60 minutos en 42 años, cada minuto es como 8,5 meses; si divides 60 segundos en 8.5 meses, ¡verás que cada segundo para el Señor es como cuatro días! Entonces, si el Señor te dice que estará allí en un minuto, es posible que tengas que esperar más de ocho meses, y solo un segundo puede tomar cuatro días.

Isaías escribió: "pero los que esperan a Jehová tendrán nuevas fuerzas" (Isaías 40:31 RVR1960). Mi manejo del tiempo nunca podrá eludir el hecho de que el Señor está en control. No puedo hacer que suceda nada, a menos que sea en Su tiempo; cuanto más lo intento, más frustrado me siento. Hay algunas cosas que solo tienen que esperar, y no puedo hacer nada al respecto.

Al mismo tiempo, el versículo en 2 Pedro dice que 1,000 años son como un día. Eso significa que si creo que algo puede requerir nueve meses para completarse, puedo completarlo en solo un minuto. A menudo, no participo en un proyecto porque no creo que tenga suficiente tiempo, y tengo miedo (existe el factor miedo) de que no podré hacerlo bien. Este versículo indica que si tengo fe en el tiempo, Dios puede hacer lo inesperado y ayudarme a lograr más de lo que creía posible. Así es como he escrito mis libros, e incluso mientras edito este libro, estoy confiando en Dios por el tiempo que tomará, tiempo que no pensé que tenía.

5. Efesios 5:15-16

Vale la pena ver este versículo en varias traducciones diferentes. Dice,

" Mirad, pues, con diligencia cómo andéis...aprovechando bien el tiempo" (LBL).

"...Aprovechen cada oportunidad que tengan de hacer el bien" (TLA).

"...Saquen el mayor provecho de cada oportunidad" (NTV).

"...redimiendo el tiempo " (RVA-2015).

Pablo instó a los efesios a aprovechar al máximo su tiempo, y esa exhortación se aplica a ti hoy. Solo hay una manera de aprovechar al máximo tu tiempo, y es gastarlo en actividades que traerán mayor retribución para el Señor y Su Reino. No hagas un viaje y solo mires por la ventana durante horas; no pases buena parte del día frente al televisor. No te conformes con el oro de los tontos, más bien, usa tu tiempo para buscar los temas más importantes, el oro real, que sean dignos de tu esfuerzo. El verdadero oro se encuentra en tu propósito, al establecer metas que liberan tu creatividad para lograr lo que es más importante para ti.

Covey se refiere al oro real en la vida como actividades del "Cuadrante II", actividades que no son urgentes sino importantes.

"Cuadrante II es el corazón de la gestión personal efectiva . . . Se trata de cosas como construir relaciones, escribir una declaración de misión personal, planificación a largo plazo, ejercicio, mantenimiento preventivo, preparación: todas esas cosas que sabemos que debemos hacer, pero que de alguna manera rara vez hacemos, porque no son urgentes . Parafraseando a Peter Drucker, las personas efectivas no están preocupadas por los problemas; tienen una mentalidad de oportunidad. Alimentan oportunidades y se privan de problemas. Piensan de manera preventiva".

El Señor espera que no seas una víctima del tiempo que se te escapó, sino una persona que redime el tiempo. Si pudieras sacar 15 minutos todos los días durante un año para leer la Biblia, por ejemplo, al final del año, ¡habrías leído el equivalente a 3.8 días completos! Comienza a aprovechar esos momentos que has desperdiciado. Durante un período de tiempo se sumarán.

Comencé a escribir un comentario devocional bíblico en 2001. Prometí que enviaría a mis suscriptores un devocional de siete días cada semana que se enfocara en cuatro versículos del Nuevo Testamento por día. Seguí así día tras día, semana tras semana, año tras año. ¡En 2009, había cubierto todos los versículos del Nuevo Testamento! ¿Qué podría hacer si tuviera ese tipo de enfoque diario y lo hiciera poco a poco durante un largo período de tiempo? En este momento, estoy publicando esos devocionales que crearán una serie de comentarios de "Vive la Palabra" (Live the Word) de 12 volúmenes que estará disponible hasta que el Señor regrese, probablemente mucho después de que me haya ido.

6. Proverbios 18:9

Antes de cerrar, solo hay un punto más que hacer. Si no haces algo que debe hacerse, ¡has actuado como alguien que tomó lo que hizo y lo deshizo! Proverbios 18: 9 dice: "El que es negligente en su trabajo es hermano del destructor". Tu incapacidad para hacer las cosas importantes es lo mismo que hacerlas y luego deshacerlas. Si construyes un cobertizo y luego lo quemas o simplemente, no lo construyes, ¿no es el resultado final el mismo?

Si pierdes una oportunidad que Dios te ha dado, estás relacionado con alguien que destruiría. Puedes pensar: "No es gran cosa; nadie resultó herido porque no aprendí inglés" o " Nadie sufrió porque no comencé ese negocio". Eso puede ser cierto, pero realmente no sabes qué hubiera pasado si hubieras comenzado y completado esos objetivos.

Si sientes que te estoy presionando para que produzcas mientras lees esta declaración, está bien. Pablo instó a los corintios a "no recibir la gracia de Dios en vano" (2 Corintios 6: 1). Si advirtió que no hicieras eso, entonces debe ser posible recibir la gracia de Dios de tal manera que el Señor no obtenga ningún retorno de su inversión. La gracia de Dios ha venido a tu vida, pero Él tiene trabajo para que tú hagas. Así que arremángate y veamos algunos principios que te ayudarán a lograr la eficiencia a través de un mejor manejo del tiempo.

Capítulo 18

Cómo ser un Hombre o Mujer sabios

Cuando lo piensas, el tiempo es el gran ecualizador. Puede que no tengas tanto talento o dinero como los demás, pero tienes tantas horas en el día como ellos, tantas como Bill Gates, Martin Luther King, Jr., o John Maxwell, o Mahatma Gandhi. Tienes la misma oportunidad que tuvieron para maximizar tus esfuerzos para que, al final del día, puedas saber que hiciste las cosas que el Señor puso delante de ti, las cosas que estaban en tu corazón.

En la primera edición de este libro, titulé esta sección "Eficiencia". He cambiado la palabra, pero la eficiencia sigue siendo el núcleo de lo que quiero que obtengas al aplicar este cuarto Principio de tiempo de la Mina de Oro. Antes de continuar, definamos el término "eficiencia": significa la "capacidad de obtener resultados sobrenaturales utilizando recursos humanos, financieros y físicos limitados". Josué era un general eficiente que usaba su tiempo limitado y lucha humana contra hombres para ganar la batalla. Gedeón derrotó a los madianitas no con los 32,000 hombres con los que comenzó, sino con los 300 hombres que sobrevivieron a las pruebas de valentía y vigilancia.

Jesús tomó cinco panes y dos peces y alimentó a 5,000 personas con muchas sobras. Pablo, en cuestión de unas pocas décadas, había plantado suficientes iglesias regionales para llegar a la mayor parte del mundo conocido. En cada caso, esos hombres trabajaron eficientemente porque usaron bien su tiempo, y Dios fortaleció el tiempo que tenían para producir eficientemente resultados sobrenaturales. Nadie se estresó o tuvo un ataque al corazón tratando de hacer más de lo que era humanamente posible. Fueron más allá de las limitaciones humanas, pero fue porque Dios les dio poder para hacerlo, tal como lo hizo con Charles Spurgeon o John Stanko.

Un dicho popular dice: "Si quieres que se haga algo, pídele a una persona ocupada que lo haga". Parece que aquellos que manejan bien su tiempo casi siempre pueden encajar en otra cosa. Cuando alguien se acerca a mí por un trabajo o una solicitud de ayuda, trato de encontrar cómo puedo hacerlo, en lugar de cómo no puedo. Mientras estaba editando esta sección, algunas personas de Inglaterra me escribieron en Facebook para hablar sobre cómo se puede estar en una situación diferente el próximo año por esta época. Tuvimos una buena conversación y me sentí perfectamente cómodo interrumpiendo mi edición para atender esta necesidad. Luego oré y Dios me ayudó a retomar mi corriente de pensamiento para continuar con esa semana. Además de los versículos discutidos en el capítulo anterior, he estudiado otros tres principios bíblicos que me han ayudado enormemente en mi búsqueda de la eficiencia y el buen manejo del tiempo. Son, sabiduría, mayordomía y dominio.

Sabiduría

Comencemos definiendo la sabiduría como la "capacidad de usar el conocimiento de una manera sobrenatural". Necesitas sabiduría a diario si vas a administrar bien tu tiempo. El simple hecho de saber qué hacer, no garantiza que tengas el cómo hacerlo; eso viene solo a través de la sabiduría.

Todos los días te enfrentas a muchas cosas que puedes hacer y necesitas hacer. Pero también te enfrentas a muchas interrupciones, al igual que yo, y tienes recursos de tiempo limitados. Además de todo eso, tienes las presiones humanas que vienen en tu contra, como la depresión, la fatiga, la duda y el miedo. Estas cosas tratan de evitar que seas productivo y que te conviertas en todo lo que Dios quiere que seas. Dadas esas realidades, necesitas sabiduría. Pasar de saber qué hacer a hacerlo, realmente requiere sabiduría.

La sabiduría no es un sabio sentado con las piernas cruzadas con sus discípulos reunidos a su alrededor mientras se pontifica, ni es un sistema de creencias, nuevas ideas o filosofías como suponían los antiguos griegos. La sabiduría para ti y para mí es una persona: nuestro Señor Jesucristo. Pablo escribió a los Colosenses acerca de este Cristo, " En él están escondidos todos los tesoros de la sabiduría y del conocimiento". (Colosenses 2: 3) y a los corintios acerca de Cristo, "El poder de Dios y la sabiduría de Dios" (1 Corintios 1:24). Pablo entendió claramente que nuestra sabiduría era un hombre, no un concepto.

Es por eso que un conjunto de reglas no puede cubrir todos los escenarios de manejo del tiempo que enfrentarás. Las personas carnales o religiosas (a diferencia de las personas espirituales) anhelan un sistema porque cuando tienen un sistema, ya no necesitan confiar en el Señor. Si tuvieras una guía infalible sobre cómo planificar todos los días en todos los sentidos, continuarías en tu propio entendimiento sin necesidad de la intervención del Señor. Pero necesitas sabiduría y ella proviene de una relación vibrante y significativa con un Dios vivo que puede comunicarse claramente contigo en cada situación. Tu eficiencia vendrá de una palabra viva de un Dios vivo que te energizará para hacer más con menos porque Él te está fortaleciendo para hacerlo.

Es interesante lo que Salomón pidió cuando se convirtió en rey. En realidad no pidió sabiduría para gobernar, sino un "corazón discernidor [comprensivo]" (1 Reyes 3: 9). Quería poder escuchar lo que el Señor le estaba ordenando que hiciera. Debido a que no pidió dinero ni la muerte de sus enemigos, el Señor le concedió su oración.

> Dios dio a Salomón sabiduría, gran entendimiento y amplitud de corazón, como la arena que está a la orilla del mar. La sabiduría de Salomón sobrepasaba la de todos los orientales y toda la sabiduría

de los egipcios. Él fue el más sabio de todos los hombres: más que Eitán el ezrajita y que Hemán, Calcol y Darda, hijos de Majol. Su nombre llegó a ser conocido en todas la naciones de alrededor. Salomón compuso tres mil proverbios y mil cinco poemas. También disertó acerca de las plantas, desde el cedro del Líbano hasta el hisopo que crece en la pared. Asimismo, disertó acerca de los cuadrúpedos, las aves, los reptiles y los peces. De todos los pueblos venían para escuchar la sabiduría de Salomón, de parte de todos los reyes de la tierra que habían oído de su sabiduría". (1 Reyes 4:29-34).

Se podría decir que Salomón fue eficiente, escribiendo canciones, poemas, acertijos y explorando las glorias de la creación de Dios. Tomó sus recursos limitados y los agregó a los recursos ilimitados de Dios. ¡Los resultados fueron increíbles y un maravilloso ejemplo de sinergia, que discutimos antes!

Necesitas ese mismo corazón que escucha. Sin embargo, un problema que encontrarás al escuchar es que hay muchas voces compitiendo por tu atención. Proverbios 9 representa la Sabiduría y la locura sentados en los lugares altos de la ciudad y "llamando a los que pasan" (Proverbios 9:15). Cuando oras, ¿de repente piensas en todo tipo de cosas que tienes que hacer? Cuando te preparas para trabajar en tu escritorio, en tu tienda o en el mostrador de la cocina, ¿haces otros proyectos antes de enfocar tu atención? Como Salomón se dio cuenta de su propensión a sentirse abrumado por estas voces urgentes de hacer tantas cosas, pidió un corazón que escuchara para poder manejar bien su tiempo y su vida.

Tú también debes pedir sabiduría para saber cómo usar tu tiempo y energía. Y cuando lo hagas, el Señor te dirá lo que le dijo a Salomón:

"Y le dijo Dios: Porque has demandado esto, y no pediste para ti muchos días, ni pediste para ti riquezas, ni pediste la vida de tus enemigos, sino que demandaste para ti inteligencia para oír juicio, he aquí lo he hecho conforme a tus palabras; he aquí que te he dado corazón sabio y entendido, tanto que no ha habido antes de ti otro como tú, ni después de ti se levantará otro como tú". (1 Reyes 3:11-12).

Entonces la sabiduría no es un conjunto de creencias ni una enseñanza. La sabiduría divina se expresa mejor cuando alguien está haciendo cosas nuevas de manera creativa. Un sistema requiere que sigas lo que alguien más ha desarrollado para su mundo. Sin embargo, ese sistema puede no encajar en tu mundo, porque el Señor ha puesto algo delante de ti para hacer eso que es único. Quiero enfrentar nuevos desafíos y encontrar nuevas soluciones, tal vez combinando técnicas antiguas de alguna manera nueva de manera consistente con lo que soy. Quiero hacer cosas que no se han hecho y no simplemente replicar lo que ya se ha hecho.

Proverbios 8 captura la esencia de esta sabiduría creativa, y miramos este pasaje cuando discutimos el segundo Principio de creatividad de la Mina de Oro:

"Jehová me poseía en el principio, ya de antiguo, antes de sus obras. Eternamente tuve el principado, desde el principio, antes de la tierra. Antes de los abismos fui engendrada; antes que fuesen las fuentes de las muchas aguas. Antes que los montes fuesen formados, antes de los collados, ya había sido yo engendrada; No había aún hecho la tierra, ni los campos, ni el principio del polvo del mundo. Cuando formaba los cielos, allí estaba yo; cuando trazaba el círculo sobre la faz del abismo; Cuando afirmaba los cielos arriba, cuando afirmaba las fuentes del abismo; Cuando ponía al mar su estatuto, para que las aguas no traspasasen su mandamiento; Cuando establecía los fundamentos de la tierra, Con él estaba yo ordenándolo todo, y era su delicia de día en día, teniendo solaz delante de él en todo tiempo. Me regocijo en la parte habitable de su tierra; y mis delicias son con los hijos de los hombres". (versiculos 22-31).

El Señor usó la sabiduría para crear el mundo. No había ningún libro al que pudiera referirse para hacerlo bien la primera vez. Proverbios 8 nos dice que la sabiduría fue Su guía, la misma sabiduría que está disponible para ti. Si cada día de tu vida se presentan nuevas situaciones que nunca antes habías enfrentado, solo la sabiduría te ayudará a resolverlas. Y como sabes que la sabiduría es una persona, entonces sabes que Proverbios 8 es en realidad Jesús hablando. La sabiduría que conduce a la eficiencia implica aprender a escuchar y luego tener la confianza de que puedes aplicar lo que has escuchado a una situación nueva y única.

> **Pepita de Oro #17**
>
> "Jehová con sabiduría fundó la tierra; afirmó los cielos con inteligencia".
> —Proverbios 3:19

La sabiduría que conduce a una solución creativa o al uso eficiente de los recursos siempre produce asombro por la Soberanía y el Poder de Dios. La primera prueba de Salomón después de pedir sabiduría fue el caso de las dos mujeres y el bebé. Una mujer afirmó que el bebé era suyo y la otra afirmó que estaba mintiendo. ¿Qué debía hacer Salomón? No podía preguntarle a su padre, ni tenía un compendio de leyes a mano. Entonces les dijo que cortaran al bebé por la mitad con una espada y le dieran la mitad a cada mujer. La verdadera madre dijo que diera el bebé a la otra mujer. Según su respuesta, Salomón le otorgó el bebé. ¿De dónde sacó esa idea? Salomón estaba escuchando, y resultó en verdadera justicia para la verdadera madre. "Y todo Israel oyó aquel juicio que había dado el rey; y temieron al rey, porque vieron que había en él sabiduría de Dios para juzgar". (1 Reyes 3:28). Quiero que la gente tenga admiración por el

Señor, porque tengo la sabiduría para administrar eficientemente mi mundo y mis responsabilidades.

Hay cuatro formas de obtener esta sabiduría divina. Primero, lo buscas como lo hizo Salomón. Proverbios 2:4-6 dice:

> "Si como a la plata la buscares, Y la escudriñares como a tesoros, Entonces entenderás el temor de Jehová, Y hallarás el conocimiento de Dios. Porque Jehová da la sabiduría, Y de su boca viene el conocimiento y la inteligencia".

Imagínate que alguien te garantizó que había una barra de oro enterrada en tu patio trasero. ¿Dejarías de buscarlo solo porque no lo encontraste después de cavar un hoyo? Probablemente desenterrarías todo tu patio hasta que lo encontraras.

Ese es el tipo de urgencia y diligencia que debes aplicar si quieres encontrar sabiduría divina. Tienes la garantía de que está allí, pero debe buscarla. Cuando Nabucodonosor dio la orden de matar a todos los sabios de Babilonia, Daniel buscó la sabiduría del Señor y recibió la interpretación de un sueño desconocido. Obtuvo la sabiduría que necesitaba porque la buscaba desesperadamente, y su vida dependía de encontrarla.

Durante una transición en mi vida, ayuné 21 días porque necesitaba la sabiduría de Dios. Estaba desesperado por encontrar la sabiduría y la comprensión que el Señor ha prometido. No encuentras la sabiduría de Dios diciendo oraciones de "ahora-yo-me-voy-a-dormir". La encuentras pagando un precio, el mismo precio que incluso Jesús tuvo que pagar. El escritor de Hebreos pintó una imagen sorprendente de la vida de oración de Jesús cuando escribió:

> "Y Cristo, en los días de su carne, ofreciendo ruegos y súplicas con gran clamor y lágrimas al que le podía librar de la muerte, fue oído a causa de su temor reverente. Y aunque era Hijo, por lo que padeció aprendió la obediencia; y habiendo sido

perfeccionado, vino a ser autor de eterna salvación para todos los que le obedecen; y fue declarado por Dios sumo sacerdote según el orden de Melquisedec". (Hebreos 5:7-10).

Jesús oró con voz fuerte y llanto. No las expresiones antiguas de la versión Reina Valera ni se dirigió a Su Padre con un religioso "Su excelencia" o "Usted soberano distante". Él gritó y recibió lo que pidió. Si ese es el patrón que usó Jesús, ¿se le escuchará con menos esfuerzo o compromiso? Jesús no fue escuchado porque era Dios; Fue escuchado porque pagó el precio para ser escuchado.

Después de buscar la sabiduría, el siguiente paso es aprender a escuchar al Espíritu Santo que está hablando. Cuando Jesús estaba a punto de elegir a Sus 12 apóstoles, Lucas escribió:

> "En aquellos días él fue al monte a orar, y pasó la noche orando a Dios. Y cuando era de día, llamó a sus discípulos, y escogió a doce de ellos, a los cuales también llamó apóstoles . . .". (Lucas 6:12-13).

Jesús perdió el sueño de una noche orando y escuchando; luego, escogió a 12 hombres para ser "apóstoles", algo que no tenía precedentes religiosos. Hizo algo nuevo con la sabiduría de Dios y buscó profundamente para encontrarla. Esos 12 hombres, que representan una nueva forma de hacer las cosas, voltearon el mundo. La sabiduría divina también ayudará a poner tu mundo patas arriba, si aprendes a escuchar y a discernir lo que el Señor está diciendo.

Ahora puedes preocuparte de cómo sabrás si el Señor te está hablando. La única garantía se encuentra en Hebreos 11: 6, donde dice: "Pero sin fe es imposible agradar a Dios; porque es necesario que el que se acerca a Dios crea que le halla, y que es galardonador de los que le buscan". Si lo buscas diligentemente, Él se dará a conocer de alguna manera. Puede ser a través de otra persona, circunstancias o una pequeña voz suave, pero Él se hará conocer y escuchar. Tu fe siempre será recompensada.

Dios es un gran comunicador y debes confiar en Su capacidad de hablar, no en tu capacidad de escuchar.

El primer paso para obtener sabiduría es buscar y el segundo paso es escuchar. El tercer paso es estudiar el libro de Proverbios. Al principio de mi caminata cristiana, alguien me dijo que leyera un capítulo de Proverbios todos los días. Como había 31 capítulos y la mayoría de los meses tienen 31 días, sería posible terminar todo el libro en un mes. Hice esto fielmente, pero descubrí que no estaba ganando mucho terreno para retener lo que el libro tenía que decir.

Parecía que la mayoría de los capítulos saltaban de un tema a otro sin un tema común. Un capítulo típico hablaría sobre justicia, discurso, finanzas, liderazgo, familia y tontos. Un día me di cuenta de que el libro estaba escrito de esa manera a propósito para que el lector casual no sacara mucho provecho. Si iba a entender Proverbios, sabía que tendría que hacer mucho más trabajo que solo leerlo una vez al día.

Así que comencé a identificar siete temas principales de Proverbios y coloqué cada versículo en la categoría donde pertenecía. Cuando obtuve mi primera computadora, clasifiqué cada versículo para que en cualquier momento pudiera hacer referencia a lo que Proverbios tenía que decir sobre dinero o liderazgo de manera rápida y eficiente. Como pastor, comencé a hacer la mayor parte de mi consejería matrimonial basado en el libro de Proverbios.

Me tomé el tiempo de estudiar ese libro y no me he detenido. He tratado de desenterrar las Pepitas de oro contenidas en cada capítulo y hacerlas parte de mi vida y comportamiento. Si bien toda la Escritura da sabiduría, ninguno, excepto Proverbios, fue escrito con ese expreso propósito:

> "Para entender sabiduría y doctrina, Para conocer razones prudentes, Para recibir el consejo de prudencia, Justicia, juicio y equidad; Para dar sagacidad a los simples, Y a los jóvenes inteligencia y cordura. Oirá el sabio, y aumentará el saber, Y el entendido adquirirá consejo". (Proverbios 1:2-5).

Si necesitas sabiduría en tu vida, entonces necesitas el libro de Proverbios más que nunca. Fue escrito con el objetivo de darte sabiduría, pero no será fácil. Tendrás que cavar, estudiar y leer. Sin embargo, para aquellos que pagan el precio, Proverbios tiene gemas de sabiduría invaluables que pueden marcar la diferencia entre el éxito y el fracaso.

La cuarta y última forma de obtener sabiduría es caminar con los sabios. "El que anda con sabios, sabio será; más el que se junta con necios será quebrantado". (Proverbios 13:20). He tratado de acostumbrarme a encontrar hombres y mujeres sabios de Dios y caminar lo más cerca posible de ellos. Mi matrimonio y mis hijos serán mejores, y mi ministerio también lo será. De hecho, he escrito sobre lo que llamo tener una "junta directiva personal". Esta es una junta que te sirve para guiarte y capacitarte para el propósito y la creatividad que Dios te ha asignado. Estos sabios hermanos o hermanas pueden estar vivos o en la presencia del Señor, sus escritos, biografías y testimonios aún pueden guiarte, sirviendo para dirigir tu trabajo y desarrollo personal. ¿Quién formaría parte de tu junta directiva personal?

La mentalidad de "Jesús y yo" tan frecuente en el creyente moderno no era la mentalidad de la Iglesia primitiva. Ministraron y funcionaron en equipos y aprendieron a aprovechar las fortalezas de los demás. Aprender solo de tu propia experiencia no es el mejor maestro. Aprender de las experiencias de los demás, especialmente sus errores, es una forma mejor y más eficiente. Y puedes hacerlo siguiéndolos de cerca.

Si estás desorganizado o no administras bien tu tiempo, lo mejor que puedes hacer es encontrar personas que estén organizadas y pasar tiempo con ellas. Deja que te den un poco de equilibrio y otra perspectiva de cómo hacer las cosas. Si no puedes caminar con los sabios, al menos puedes leer su literatura. Mi objetivo es leer dos libros cada mes, uno con contenido teológico y otro con principios de gestión o liderazgo. Y trato de leer autores que han tenido éxito en su campo, no aquellos que tienen una idea que debería funcionar pero que aún no se ha probado. Recuerda, la sabiduría no son ideas, sino alguien que aplica de manera creativa el conocimiento que Dios le da para hacer cosas nuevas. Quiero aprender de aquellos que tienen experiencia para poder equiparme para hacer lo que tengo ante mí. Si sabes que necesitas más sabiduría de la que tienes ahora, haz esta oración:

> *Señor, necesito sabiduría. No uso mi tiempo tan bien como podría o debería. Necesito tu sabiduría para poder ser más eficiente. De ahora en adelante, te pediré más sabiduría y luego escucharé y esperaré tu respuesta; Estudiaré más diligentemente el libro de Proverbios y haré todo lo posible para caminar con los sabios, a través de relaciones, libros, conferencias u otros medios. ayúdame, Señor. Su palabra dice: "Y si alguno de vosotros tiene falta de sabiduría, pídala a Dios, el cual da a todos abundantemente y sin reproche, y le será dada. Pero pida con fe, no dudando nada; porque el que duda es semejante a la onda del mar, que es arrastrada por el viento y echada de una parte a otra". (Santiago 1: 5-6). Te lo pido ahora, creyendo que me darás la sabiduría que necesito según tu promesa. Gracias por escucharme, Señor. Amén.*

Y ahora que estás en camino de obtener sabiduría, estudiemos el siguiente concepto que te llevará a una vida más eficiente.

Capítulo 19

La Práctica

Incluso con la sabiduría de Dios y la ayuda de Dios, el manejo del tiempo es una de las disciplinas más difíciles de la vida, pero fundamental para lograr el propósito y las metas. A decir verdad, todos necesitamos ayuda en lo que respecta al manejo del tiempo. El problema es que el manejo del tiempo no es realmente lo que deberíamos discutir.

Manejo del tiempo es la definición incorrecta de lo que necesitas. No necesitas ayuda para manejar el tiempo, ya que el tiempo no se puede manejar. Pasa al mismo ritmo que siempre. No puedes guardarlo, ralentizarlo, acelerarlo o recuperarlo una vez que se haya ido. No puedes manejar el tiempo; solo puedes administrar los eventos que ocurren dentro del tiempo que tienes. En lugar de llamarlo manejo del tiempo, quizás deberíamos considerarlo como un "manejo de eventos".

Déjame darte un ejemplo. No hay nada especial sobre las 6 a.m, hasta que configuras tu alarma para las 6 a.m. La llamada de atención es el evento que tiene lugar a las 6 a.m. Luego debes estar en el trabajo a las 7:30, por lo que debes administrar una serie de eventos para asegurarte de llegar a tiempo. Esos eventos incluyen ducharte, desayunar, hacer devocional, llevar a los niños y trasladarte al trabajo. No hay nada que puedas hacer acerca de los 90 minutos para llegar al trabajo desde el momento en que te levantas de la cama; pasará como siempre ha pasado cada segmento de tiempo de 90 minutos. Sin embargo, hay muchas cosas que puede hacer para administrar los eventos que ocurren en esos 90 minutos. Lo que hagas en ellos determinará si tienes éxito o no, definido por llegar a tiempo o tarde al trabajo.

El resto de tu vida es así también. Tienes 24 horas todos los días; simplemente no sabes cuántas unidades de 24 horas tienes por delante. Mi madre falleció a los 92 años de edad; Un niño de cinco años que asistió a mi iglesia murió en el incendio de una casa hace unos años. Tus tiempos están verdaderamente en Sus manos, y tú tienes la responsabilidad y el gozo de aprovechar al máximo cada día que tienes en la tierra. Lo harás administrando los eventos allí lo mejor que puedas.

Cuando lo piensas, tienes todo el tiempo del mundo. Tienes 24 horas por cada día que estés vivo, igual que todos los demás. Entonces, ¿por qué algunos pueden producir tanto y otros parecen luchar solo para pasar el día? Es porque la persona productiva comprende la diferencia entre el tiempo y el manejo de los eventos.

Peter Drucker, cuando discute el tema del enfoque de liderazgo, cuenta una historia interesante sobre el compositor Mozart:

> "Muy pocas personas saben a dónde pertenecen, qué tipo de temperamento y persona son. "¿Trabajo con personas o soy un solitario?" Y "¿Cuáles son mis valores? ¿Con qué estoy comprometido? Y "¿A dónde pertenezco? ¿Cuál es mi contribución?"
>
> Y esto, como dije, no tiene precedentes. Esas preguntas nunca se hicieron, bueno, sí, los súper triunfadores las hicieron. Leonardo DaVinci tenía un cuaderno completo en el que se hacía estas preguntas. Y Mozart lo sabía y lo sabía muy bien. Es el único hombre en la historia de la música que fue igualmente bueno con dos instrumentos totalmente diferentes. No era solo un gran virtuoso del piano; era un increíble virtuoso del violín. Y, sin embargo, decidió que sólo puedes ser bueno en un instrumento, porque para ser bueno, tienes que practicar tres horas al día. No hay suficientes horas

al día, por lo que renunció al violín. Lo sabía y lo escribió. Tenemos sus cuadernos.

Los súper triunfadores siempre sabían cuándo decir "no". Y siempre supieron a qué llegar. Y siempre supieron dónde ubicarse. Eso los hace súper triunfadores. Y ahora todos tendremos que aprender eso. No es muy difícil. La clave es, lo que hicieron Leonardo y Mozart, escribirlo y luego verificarlo".

¿Te imaginas ser igualmente de clase mundial en dos cosas y dejar una de ellas? Eso realmente no tiene precedentes. Sin embargo, Mozart todavía impacta al mundo con su música porque se dio cuenta de que tenía todo el tiempo del mundo, pero no todo el tiempo que había. Se dio cuenta de que era finito y tenía que tomar decisiones sobre qué hacer con su tiempo, con esas 24 horas al día disponibles para todos y cada uno de los líderes. Con eso en mente, dejó un instrumento para concentrarse en el otro. Ten en cuenta que Drucker habló de valores, sabiendo lo que es importante para ti. Esos valores deben guiar tus decisiones sobre qué hacer y qué no hacer. Ayuda cuando escribes tus valores y verificas tu progreso y enfoque de vez en cuando (discutiremos el desarrollo de tus valores en el próximo capítulo).

Cuando hablo de manejo del tiempo en un seminario, generalmente comparto mis "seis amigos de manejo del tiempo", principios y habilidades que me han hecho más eficaz en la gestión de mi tiempo. En la versión original de este libro, solo había cuatro, pero he agregado dos más en los últimos veinte años, y aquí están para tu consideración:

1. El Libro de Proverbios

A estas alturas, supongo que sabes que me encanta el libro de Proverbios en el Antiguo Testamento. Lo he estudiado durante 35 años y todavía encuentro cosas que nunca antes había visto. Lo que más me gusta es lo práctico que es. Contiene mucha información útil sobre cómo vivir la vida y cómo liderar. Para mi sorpresa, también contiene material sobre cómo administrar el tiempo.

Para administrar eficazmente tu tiempo, necesitas sabiduría como lo discutimos en el último capítulo. La sabiduría te permite hacer cosas creativas que nunca has hecho antes. Eso es importante en el manejo del tiempo porque cada día es diferente y presenta nuevas oportunidades y desafíos. A medida que ingresas a nuevas estaciones de tu vida, también necesitas sabiduría para enfrentar los desafíos de mantenerte en el rumbo y concentrarte.

Mis libros, "Una Dosis Diaria de Proverbios" y "Un Toque Diario de Proverbios", contienen muchas ideas sobre el manejo efectivo del tiempo, y te animo a que las uses como una guía diaria para ayudarte a priorizar tu mundo. En aras de esta discusión, permíteme citar solo un versículo que se ha convertido en mi "amigo" a medida que administro mi tiempo: "Porque por mí se aumentarán tus días y años de vida se te añadirán". (Proverbios 9:11 RVR1960).

A partir de ese versículo, veo que efectivamente puedo "multiplicar" mis días y, en consecuencia, mi efectividad al aplicar la sabiduría en lo que respecta al tiempo. Como Proverbios es una fuente de sabiduría, es mi primer amigo en lo que respecta al manejo del tiempo. (Entendiendo que el tiempo no se maneja sino que se administran los eventos en un lapso de tiempo).

2. Un Plan para el manejo del tiempo

Anteriormente usaba el sistema del manejo del tiempo de Franklin Covey de tamaño clásico y estilo Monticello como mi cuaderno para escribir cosas, tal como Drucker lo recomendaba. Tenía dos páginas para cada día del año y medio espacio para incluir mi lista de tareas diarias priorizadas (algo que hago casi todos los días), notas de reuniones diarias, agendas de reuniones y listas de discusión para cada una de las personas claves de mi personal que incluía en qué estaban trabajando. Hoy, ya no uso ese sistema.

Solía enseñar que un block amarillo o un cuaderno con espiral no eran un buen método de sistematizar lo que se escribe. Son útiles para escribir cosas, pero hay poca o ninguna posibilidad de recuperar lo que s registra ellos. Con tanta tecnología disponible ahora, sin embargo, he cambiado mi forma de pensar, y ahora uso una computadora portátil con un forro que tiene un compartimiento del tamaño de un cuaderno que lleva una pequeño block de notas o cuaderno amarillo. Luego uso tarjetas de índice para hacer mis listas de tareas diarias, que todavía priorizo y llevo conmigo a todas partes. Cuando alguien me ve escribir algo para hacer en mi cuaderno, saben que es casi un sinónimo que lo haré porque estoy comprometido a usar ese sistema simple para mantenerme enfocado en mi tarea.

La clave no es qué sistema usas, sino cómo lo usas. Tengo una amiga que es consultora organizacional, y su consejo para los clientes (y para mí) fue que no deberíamos pasar trabajos para hacer el trabajo. Mi computadora portátil, tan simple como es, es fácil de usar, y tengo un sistema que me ayuda a encontrar cosas fácilmente. No descarto ninguna lista hasta que haya logrado todo lo que hay en ella, o hasta que haya transferido esas cosas que no se han hecho a una nueva lista. Si me vieras en una cafetería con algo de tiempo libre, me verías revisando mis listas y tarjetas para crear nuevas listas maestras y luego una lista diaria para enfocar mis esfuerzos. Cuando estoy en el automóvil, escucho un audiolibro o hago llamadas telefónicas a las personas de mi lista para llamar ese día.

El punto es tomarse en serio todos tus pensamientos e ideas, escribiéndolos. Luego, revisa esas ideas para ver qué debería figurar en tu lista diaria de tareas pendientes. Si tu día está ocupado y la mayor parte de tu tiempo estás fuera de control en el trabajo o con la familia, entonces, es una razón más para tener una lista. Si solo tienes una pequeña cantidad de tiempo discrecional y no tienes algo para mantenerte atento a tus prioridades, perderás ese tiempo y puede sumar una gran cantidad de tiempo perdido en pequeñas cantidades.

3. Mis juguetes tecnológicos

Desde la primera edición de La vida es una mina de oro

(Life is a Gold Mine), hay una gran cantidad de recursos de alta tecnología que pueden usarse para manejar el tiempo. Tengo un iPhone y lo uso para mi calendario, correo electrónico y algunas listas de tareas. Mi teléfono siempre está conmigo, incluso cuando mi computadora portátil no lo está, pero todavía me gusta la sensación del lápiz en el papel para planificar mis días. Usaré el teléfono inteligente para ciertas cosas, pero dejé de usar mi computadora portátil para muchas cosas relacionadas con el manejo del tiempo. Necesito algo que siempre esté conmigo, y el teléfono inteligente califica.

4. En caso de duda, ¡tíralo!

Un experto en manejo del tiempo me aconsejó una vez que no pasara por trabajos para hacer el trabajo. Escuché lo que me dijo y soy implacable cuando se trata de papeleo. Al menos dos veces al año, "limpio" los archivos, libros y artículos de mi oficina y casa. Me niego a guardar cualquier cosa que pueda recuperar fácilmente a través de alguna otra fuente. Hago lo mismo con mi computadora y trabajo regularmente para eliminar archivos que no he usado en los últimos 12 meses.

No me gusta mirar montones de "cosas" que se acumulan porque "podría necesitarlas algún día". Especialmente no me gusta atravesar pilas para encontrar lo que necesito. Entonces tengo un sistema de archivo adecuado y boto muchos papeles y cartas. Si hay alguna duda, generalmente la tiro y rara vez me arrepiento. Esta filosofía me ha ahorrado mucho tiempo y problemas, y ha mantenido mi mundo ocupado racionalizado y eficiente.

5. Delegar.

Descubrí que si formo un equipo, tengo más personas a mi alrededor que pueden disfrutar haciendo algo que temo o tolero. Delegar también recompensa a las personas por su arduo trabajo dándoles más responsabilidad y desafíos en el lugar de trabajo.

Alec MacKenzie, autor y experto en manejo del tiempo, escribió: "Los dos puntos clave a tener en cuenta sobre delegar:

hazlo (para que no pases tiempo haciendo cosas que otros podrían o deberían estar haciendo) y hazlo bien (para que no tengas que pasar tiempo deshaciendo un trabajo mediocre) ".

Delegar no significa abandonar tareas y personas, sino más bien trabajar con el equipo para ayudarlos a tener éxito y crecer en sus habilidades y responsabilidades. Delegar es amigo del manejo del tiempo porque me permite expandir mi liderazgo sin controlar a los seguidores.

6. Metas escritas.

Discutimos los objetivos escritos en la Sección Tres, pero vale la pena repetirlos en esta sección. Me gusta escribir mis metas para el próximo año y lo he hecho durante varios años. Merrill y Donna Douglass lo dijeron mejor cuando escribieron:

"Muchos de nosotros pensamos que escribir objetivos es innecesario. A menudo decimos que tenemos objetivos en la cabeza, y siempre que pensemos en ellos, no importa si los objetivos están escritos o no. Este es un razonamiento peligroso. El propósito de escribir objetivos es aclararlos. Parece haber un tipo especial de magia en la escritura de objetivos. Una vez que se escribe un objetivo, has invertido más en él que antes ".

Mis objetivos vienen de mis valores y me dicen lo que es importante. Mis objetivos me impiden (la mayor parte del tiempo) invertir tiempo en asuntos que no importan. Por ejemplo, originalmente quería escribir un libro todos los años durante diez años. Ese objetivo me mantuvo concentrado cuando viajaba y cuando estaba en casa, cuando otras cosas clamaban por mi atención y tiempo. Ahora mi objetivo es escribir tantos libros como sea posible en un año, y el año pasado publiqué seis, aunque algunos eran de material que había escrito en años anteriores. Mi punto es que mis metas escritas me mantienen enfocado en la tarea y en el objetivo, y me ayudan a decir "no" a algunas cosas que pueden agotar mi tiempo.

Así que repasemos. Los seis amigos que me impiden perder tiempo en mi mundo son:

- El libro de Proverbios.
- Un sistema de gestión del tiempo.
- Mis juguetes tecnológicos.
- ¡En caso de duda, deséchelo!.
- Delegar.
- Metas escritas.

¿Cuántos de estos elementos o conceptos hay en tu vida? ¿Hay otras cosas que no se incluyen que te hayan ayudado a utilizar tu tiempo de manera más eficaz? Espero que los haya, porque mi deseo sería que administraras bien tu tiempo para expresar tu propósito y creatividad. Pasemos ahora a ver algunos consejos más prácticos para administrar tu lista de tareas diarias.

Capítulo 20

Tus Valores

En la primera edición de este libro, incluí una discusión sobre mayordomía y primero, reconocemos que nuestro tiempo no es nuestro: pertenece a Dios y, como Él lo dirige hacia otros. Eso significa que no somos dueños de nuestros calendarios, sino que actuamos como administradores sobre ellos. Cuando hemos demostrado que somos fieles y que se nos puede confiar el manejo del tiempo, entonces hacemos la transición al dominio, donde tenemos más voz y tomamos más decisiones en lo que respecta al manejo del tiempo. Hubo un día en que serví a otros y probé que podía ser un buen administrador de las cosas de otros. Cuando terminó esa temporada, fui promovido a situaciones en las que podía decidir cuáles eran mis prioridades y dónde invertiría mi tiempo y energía.

También incluí un inventario de tiempo en la primera edición. Le recomendé a los lectores que hicieran un análisis de hacia dónde iba su tiempo para que pudieran hacer ajustes basados en la realidad. Utilicé el ejemplo de que regularmente decía en mis seminarios que rara vez veía la televisión. Luego hice un inventario de tiempo y descubrí que en una semana había visto 14 horas de televisión. ¡Mucho para alguien que no ve mucha televisión! Aunque el tiempo invertido en ver televisión era a altas horas de la noche cuando no habría estado haciendo mucho más que dormir, esas 14 horas me sorprendieron y no pude negar la verdad. Mientras edito este libro, son las 8 p.m de un jueves, y estoy invirtiendo mi tiempo en esta revisión en oposición a desperdiciar mi tiempo.

Esa decisión de esta noche es coherente con los valores que gobiernan mi vida, principios que he identificado que son importantes para mí y, por lo tanto, ayudan a gobernar o guiar mis decisiones sobre cómo uso mi tiempo. Al estudiar a líderes exitosos, he visto que casi siempre han desarrollado un conjunto interno de valores, ya sea que se den cuenta de que lo han hecho o no. Cada uno tiene un conjunto de pautas que los ayudan a tomar decisiones, pequeñas o grandes. Algunos han escrito estos valores y los llevan en un cuaderno o agenda; otros los llevan en las "tabletas de su corazón". Muy a menudo, estos valores se desarrollaron y definieron a partir de:

- Ejemplos familiares, tanto positivos como negativos.
- Relaciones de mentoría.
- Enseñanzas religiosas.
- Errores en la vida.
- Sufrimiento en tiempos difíciles.
- Observando a otros líderes a quienes admiraban.
- Observando a otros líderes a quienes no admiraban.

Por ejemplo, algunos de los que se aprovecharon han prometido nunca hacer lo mismo, y otros, por la misma situación, decidieron aprovecharse de la mayor cantidad de personas posible. Ambos han desarrollado valores que guían sus decisiones y desarrollan su estilo de liderazgo. Otros han sentido el dolor de un liderazgo dominante y decidieron perpetuar ese estilo; algunos tienen el valor de no gobernar con puño de hierro, sino con la mano abierta. Ambos han desarrollado valores. Y sin darte cuenta, también has desarrollado algunos valores.

Robert Greenleaf, en su libro, Sobre "Cómo Convertirse en un Líder que es Siervo" (On Becoming a Servant Leader), declaró: "Esta es la prueba definitiva: ¿qué valores gobiernan la vida de uno, al final?" Él plantea una pregunta interesante, ¿no te parece?

¿Estás desarrollando un conjunto de valores que se ajustan a lo largo de tu vida a medida que tu liderazgo crece y madura? No debes esperar hasta que seas un líder para tratar de definir estos valores, ya que para entonces puede que no veas la importancia de tal tarea (Ya soy un líder; ¿por qué sudar las cosas pequeñas ahora cuando me esperan grandes decisiones?). Si esperas demasiado tiempo para reflexionar sobre tus valores, es posible que ya hayas dado tu energía a valores que no valieron la pena el esfuerzo que les diste.

Como uno de los líderes más exitosos, el Apóstol Pablo tenía un conjunto de valores que guiaron su ministerio y decisiones ministeriales:

1. No recibió apoyo financiero de las iglesias que estaba comenzando.
2. No trabajó donde alguien ya había trabajado para comenzar una iglesia.
3. Siempre visitaba la sinagoga primero cuando llegaba a un área.
4. Viajaba en compañía de un equipo.
5. No insistió en un estilo de vida judío mientras visitaba diversas culturas y personas.

El éxito de Pablo no fue una casualidad. Al menos parte de su éxito provino del hecho de que tenía un conjunto de valores que sirvieron para guiar sus decisiones de vida y trabajo. No impuso estos valores a los demás, ya que le pertenecían a él, ya que habían sido moldeados por su propia experiencia y comprensión de lo que Dios quería que hiciera.

Agradezco a Franklin Covey Company por ayudarme a desarrollar mis valores. Mientras estudiaba con ellos para convertirme en un "facilitador en manejo del tiempo" certificado, su instructor dirigió a quienes estábamos siendo entrenados a escribir nuestros valores. Nos dijo que no había un número máximo o mínimo, y nos animó a escribirlos en positivo y en presente ("Yo soy") y no futuro ("Lo haré"). Luego pidió que intentáramos priorizar esos valores y, a partir de ese momento, les hiciéramos revisiones y ajustes permanentemente, si era necesario.

El objetivo de la compañía era permitirnos ver nuestros valores y permitirles a ellos guiarnos mejor en nuestras decisiones, decisiones que tomaríamos como líderes. De hecho, llamaron a estos valores nuestros "valores gobernantes" (valores para guiar nuestra vida), ya que lo hacen y a veces sin darnos cuenta, gobiernan nuestra vida y nuestras decisiones. Tengo que decir que esta ha sido una experiencia muy gratificante. Ahora trabajo regularmente con otros líderes y líderes potenciales para ayudarlos a desarrollar un conjunto de valores que guíen (o que estén guiando) su vida y liderazgo.

Presento mis propios valores como un ejemplo de cómo se pueden hacer, no como una lista modelo de valores que se deben mantener. Desarrollé el mío identificando mis pasajes favoritos de la Biblia. Luego hice lo que Franklin Covey me pidió que hiciera: poner una explicación a cada valor y priorizarlos.

Sin embargo, desarrollar valores no es una ciencia con reglas y procedimientos rígidos; más bien es un arte. Al final de mi lista, haré algunas recomendaciones adicionales sobre cómo desarrollar tu lista de valores gobernantes. Ten en cuenta que los míos se basan en una vida cristiana y mi visión del mundo y no los ofrezco con un propósito específico, excepto para darte una mejor comprensión de mi estilo de liderazgo y de cómo pueden ser los valores gobernantes actualizados y priorizados.

Capítulo 21

Mis Valores

Como mencioné en el capítulo anterior, presento mis valores en este capítulo para darte una idea de cómo se ve un conjunto de valores gobernantes priorizados. Tus valores no tienen que ser los mismos que los míos, pero deben ser una descripción precisa de las actividades y comportamientos que son más importantes para ti. Como son importantes, deben regir tus decisiones de tiempo y ayudarte a saber cuándo decir sí y cuándo decir no a los eventos que se presentan. Al final de esta lista, incluiré algunos pasos a seguir para que puedas desarrollar tu propio conjunto de valores.

1. Yo hago la voluntad de Dios.

Una vez oré que sería como Timoteo, sin darme cuenta de lo que estaba orando. Vi a Timoteo bajo una nueva perspectiva mientras leía Filipenses 2: 19-23:

> "Espero en el Señor Jesús que te envíe a Timoteo pronto, para que también pueda alegrarme cuando reciba noticias sobre ti. No tengo a nadie más como él, que tenga un interés genuino en su bienestar. Porque todos cuidan sus propios intereses y no los de Jesucristo. Pero sabes que Timothy se ha probado a sí mismo, porque como hijo con su padre ha servido conmigo en la obra del evangelio. Espero, por lo tanto, enviarlo tan pronto como vea cómo me van las cosas".

La voluntad de Dios, como yo la entiendo, es poner los intereses de otros antes que los míos y servir tanto a la promoción del evangelio como al Espíritu Santo y mi compromiso directo. Eso también requiere de oración vibrante y diligente, llevar una vida conforme a la voluntad de Dios.

2. Yo camino en Fe

El escritor de Hebreos escribió: "Sin fe es imposible agradar a Dios". Le agrado al Señor caminando con fe en Él, con respecto a mi propósito, familia, finanzas, futuro y relaciones. La segunda parte de ese versículo completa el pensamiento cuando dice: "6 Pero sin fe es imposible agradar a Dios; porque es necesario que el que se acerca a Dios crea que le halla, y que es galardonador de los que le buscan". (Hebreos 11: 6). Dios me recompensa por mi fe más de lo que merezco.

Mi fe tiene una expresión práctica a través de mis hábitos de dar, es decir, si soy generoso con mi tiempo, conocimiento, sabiduría y dinero.

3. Amo a mi familia.

El Señor me ha dado tres regalos maravillosos: Kathy, John y Deborah. El apóstol Pablo ordenó a los esposos que amaran a sus esposas.

"Maridos, amad a vuestras mujeres, así como Cristo amó a la iglesia, y se entregó a sí mismo por ella, para santificarla, habiéndola purificado en el lavamiento del agua por la palabra, a fin de presentársela a sí mismo, una iglesia gloriosa, que no tuviese mancha ni arruga ni cosa semejante, sino que fuese santa y sin mancha. Así también los maridos deben amar a sus mujeres como a sus mismos cuerpos. El que ama a su mujer, a sí mismo se ama". (Efesios 5:25-28).

Amo a mi esposa y la libero para su propósito como "heredera conjunta del regalo de la nueva vida que Dios nos ha dado". (1 Pedro 3: 7). También les dijo a los padres que "no exasperen a sus hijos, para que no se desanimen". (Colosenses 3:21). Soy un amigo y un estímulo para mis hijos y ayudo a liberarlos a su propósito dado por Dios.

4. Soy un comunicador.

Jesús fue un gran comunicador. Marcos informó que "Y gran multitud del pueblo le oía de buena gana". (Marcos 12:37). Eso vino de su visión de la Palabra, su amor por las personas y su estilo de hablar eficaz. Sigo sus pasos. Jesús también dijo: "El Padre quien me envió, me ha ordenado qué decir y cómo decirlo". (Juan 12:49).

Tengo algo qué decir y sé cómo presentarlo con claridad, humor y convicción, ya sea hablando, escribiendo libros y artículos, o comunicándome a través de otros medios. (como Internet, radio y video). Estudio y utilizo efectivamente el humor para mejorar mi capacidad de comunicarme con los demás.

5. Yo soy un Siervo-Líder.

Como soy un hombre de propósito, expreso mi propósito al servir al mundo con mis capacidades. Desde mi infancia, he estado en lugares de liderazgo. Así, combino esos dos roles: servidor y líder, para ser un servidor líder desde una perspectiva bíblica. Dirijo y sirvo de acuerdo con la voluntad de Dios e implemento mis decisiones con el espíritu y la actitud correctos. Pedro escribió:

> "Apacentad la grey de Dios que está entre vosotros, cuidando de ella, no por fuerza, sino voluntariamente; no por ganancia deshonesta, sino con ánimo pronto; no como teniendo señorío sobre los que están a vuestro cuidado, sino siendo ejemplos de la grey". (1 Pedro 5:2-3).

Lidero según el legado de Jesús, Moisés, José, David, Salomón y Daniel. Crezco en mi comprensión del liderazgo de servicio, aprendiendo a escuchar bien e influir e inspirar, no controlar a otros. También soy un líder de integridad y coraje.

6. Soy parte de un equipo.

He sido un ávido fanático de los deportes desde mi juventud. Ahora me doy cuenta de que esto era simplemente un amor por el concepto de equipo que es tan vital, pero tan ausente, en gran parte de la administración y el ministerio en la actualidad. Ayudo a otros a identificar el propósito de su vida y luego los entreno y los capacito para trabajar con otras personas con un propósito. Persigo la sinergia que surge del trabajo en equipo cuando todos tienen la oportunidad de comunicarse y compartir su creatividad en un ambiente abierto, lo más libre de técnicas autoritarias posible.

El apóstol Pablo casi siempre viajaba en equipo y fue liberado al ministerio desde el contexto de "equipo" en Hechos 13: 1-3:

> "Había entonces en la iglesia que estaba en Antioquía, profetas y maestros: Bernabé, Simón el que se llamaba Niger, Lucio de Cirene, Manaén el que se había criado junto con Herodes el tetrarca, y Saulo. Ministrando éstos al Señor, y ayunando, dijo el Espíritu Santo: Apartadme a Bernabé y a Saulo para la obra a que los he llamado. Entonces, habiendo ayunado y orado, les impusieron las manos y los despidieron".

7. Soy un reconciliador

El evangelio de Jesucristo es la única respuesta a los problemas de la sociedad y eso incluye el racismo. Trabajo con personas de color y de diversas culturas para modelar relaciones que ayudarán a reconciliar a las personas con Dios y luego entre sí. Como Pablo escribió en 2 Corintios 5: 18-20,

> "Y todo esto proviene de Dios, quien nos reconcilió consigo mismo por Cristo, y nos dio el ministerio de la reconciliación. que Dios estaba en Cristo reconciliando consigo al mundo, no tomándoles en cuenta a los hombres sus pecados, y nos encargó a nosotros la palabra de la reconciliación. Así que, somos embajadores en nombre de Cristo, como si Dios rogase por medio de nosotros; os rogamos en nombre de Cristo: Reconciliaos con Dios".

Aconsejo a hombres y mujeres jóvenes para equiparlos de manera que puedan ser todo lo que Dios los ha llamado a ser y afirmen su belleza y valor a los ojos de Dios.

8. Soy un aprendiz

Debido a que el mundo está cambiando tan rápidamente, no puedo permitirme "cristalizarme" en mis hábitos de trabajo o pensamiento. Pablo escribió: "Toda la Escritura es inspirada por Dios y es útil para enseñar, reprender, corregir y entrenar en justicia, para que el hombre de Dios esté completamente equipado para toda buena obra". (2 Timoteo 3:16). Eso significa que debo continuar aprendiendo y creciendo en el conocimiento de Dios (Colosenses 1:10). Mi enfoque principal es la palabra de Dios y mi oración es "Abre mis ojos para que pueda ver cosas maravillosas en tu ley" (Salmo 119: 18).

Leo, estudio, tomo clases, asisto a seminarios, aprendo de modelos a seguir y domino nuevas técnicas y tecnología que me permiten aprender hasta que mi fuerza falle o muera.

9. Soy enérgico.

"Del cual yo fui hecho ministro por el don de la gracia de Dios que me ha sido dado según la operación de su poder". (Efesios 3:7). Pablo cumplió su propósito de vida "a través del funcionamiento de su poder [de Dios]". La palabra griega para trabajar es "energeo". Aplico este mismo "energeo" en mi vida y no trabajo en mis propias fuerzas. Mantengo esta energía permaneciendo enfocado en mi propósito, comiendo alimentos saludables, haciendo ejercicio y descansando adecuadamente. Utilizo esta energía para producir más de lo que consumo y para participar en actividades que traen aumento y gloria a Dios.

Cuando trabajo, trabajo y camino en la verdad de lo que Pablo escribió a los corintios:

"Pero por la gracia de Dios soy lo que soy; y su gracia no ha sido en vano para conmigo, antes he trabajado más que todos ellos; pero no yo, sino la gracia de Dios conmigo". (1 Corintios 15:10 RVR1960)".

Me doy cuenta de que declarar estos valores en el estilo "Yo soy" puede parecer un poco presuntuoso o arrogante. No soy todo lo que he escrito arriba. Pero me esfuerzo por encarnar esos valores, y eso me mantiene humilde y siempre en búsqueda, dos de los rasgos que faltan en algunos líderes con los que trabajo. Nunca puedo decir que he llegado; eso podría hacerme tomar atajos o esperar ciertos privilegios que podrían conducir a un liderazgo defectuoso.

¿Y tú? ¿Estás listo para explicar tus valores gobernantes? Aquí hay otros valores de muestra, que tomé prestados de Franklin Covey para ayudarte a comenzar.

- Busco la excelencia.
- Soy competente.
- Yo sirvo a los demás.
- Soy austero.
- Soy generoso.
- Busco la verdad.
- Soy autosuficiente.
- Soy innovador.

Si estás listo, sigue estos sencillos pasos:

1. Aparta dos horas.
2. Identifica frases que representen valores que hayan dirigido tu vida hasta ahora.
3. Identifica frases que representen valores que desees incorporar en tu vida a partir de este momento.
4. Clarifica esas frases y dales definición.
5. ¿Alguno de tus valores es perjudicial para ti u otros? ¿Representan un comportamiento egoísta? Es posible que desees eliminar cualquiera que sea inconsistente con un estilo de vida de amor y servicio (más sobre esto en páginas siguientes).

6. Ponlos en orden de prioridades. ¡Relájate! No hay una forma incorrecta de hacer esto.
7. Llévalos contigo. Revísalos cada seis meses y cámbialos según sea necesario.

Confío en que está claro cómo he usado mis valores para dirigir mi tiempo. Como valoro el aprendizaje, fue una decisión fácil volver a la escuela. Mi trabajo en África y en las ciudades del interior de los Estados Unidos ha sido dirigido por mi "valor de reconciliación". Escribir, compartir en seminarios surgieron de mi "valor de comunicación".

Ahí tienes lo que necesitas saber sobre el cuarto Principio de la Mina de Oro, "El Manejo del Tiempo". Si todo esto parece estar fuera de tu alcance, no te rindas. El quinto y último Principio, el de fe, aún está por llegar en la siguiente sección, y proporcionará las piezas que faltan que te ayudarán a ser decidido, creativo, establecer metas y un gerente efectivo. Centremos nuestra atención allí ahora.

PRINCIPIO DE LA MINA DE ORO #5

FE

"Solo soy un viejo pedazo de carbón, pero voy a ser un Diamante algún día".

*"Para que tu confianza sea en Jehová,
Te las he hecho saber hoy a ti también…"*
—Proverbios 22:19

Capítulo 22

"Regresaremos" Fe

En este punto, ya estás entusiasmado y listo para la misión, la estrategia y la organización, o estás listo para rendirte. En cualquier caso, esta última sección está diseñada para proporcionar una herramienta final que necesitarás si vas a extraer el oro que hay en tu vida. Como mencioné en la Introducción, a menudo salía de los seminarios o terminaba los libros sobre el manejo del tiempo más agobiado que cuando comenzaba. No veía cómo podría hacer más, y me sentía culpable y bajo presión de que no estaba haciendo más. Me di cuenta de que el elemento que faltaba en estas presentaciones era lo que aborda esta sección: la fe en Dios.

Es muy posible que hayas leído los primeros cuatro Principios de la mina de oro y los descartes como cosas que se aplican a otra persona. Esta sección, sin embargo, te pertenece a ti y a todos los creyentes. Si piensas que para ti no aplica nada más que hayas leído hasta este momento, debes prestar atención a esta sección y hacerla parte de tu vida.

Quizás te encuentres donde están muchas personas: crees que Dios puede hacer grandes cosas en general, pero no estás totalmente convencido de que pueda hacer grandes cosas contigo y a través de ti. Tal vez eres dolorosamente consciente de tus fallas e insuficiencias pasadas, y esas cosas te están agobiando. Incluso puedes haber intentado algunas de las cosas discutidas en las secciones anteriores, como listas de tareas y objetivos, pero no tuviste un éxito duradero en su implementación. Incluso si encontraste tu propósito, estableciste metas y expresaste algo de creatividad, puedes estar pensando que aún no podrías hacer grandes cosas para el Señor.

Es por eso que esta sección está subtitulada, "Solo soy un viejo trozo de carbón, pero algún día voy a ser un diamante". Eso viene de una canción country cantada hace años por John Anderson, y resume la mentalidad que debes tener para que el Señor te use para Su gloria. Los discípulos de Jesús, Abraham, Sara, José, Moisés, David, Ester y Daniel comenzaron como "trozos de carbón", materia prima en las manos del Señor. Santiago escribió: "Elías era hombre sujeto a pasiones semejantes a las nuestras, y oró fervientemente para que no lloviese, y no llovió sobre la tierra por tres años y seis meses". (Santiago 5:17). El profeta Elías era igual que tú y yo, pero Dios lo usó para traer una gran liberación en Israel.

A través del mismo proceso que se producen diamantes a partir del carbón (calor, presión y tiempo), estos hombres y mujeres de Dios se convirtieron en gemas preciosas. Fueron transformados de personas comunes en campeones extraordinarios, dejando un legado para que otros lo sigan por miles de años. A fin de cuentas, no eres diferente de ellos. El elemento clave en su transformación no fue una declaración de misión, una hoja de objetivos o un planificador de tamaño industrial. El elemento clave, fue su fe en Dios.

La mentalidad de carbón a diamantes dice: "Aquí es donde estoy hoy, pero aquí no es donde estaré mañana" y "Dios todavía no ha terminado conmigo". La fe de carbón a diamantes significa que, independientemente de cómo te veas hoy o cuántas fallas hubo ayer, aprendiste a confiar, no en tus propias habilidades para hacer que las cosas sucedan, sino en el poder de Dios.

Covey dice que el segundo hábito de las personas efectivas es "comenzar con el final en mente". El escribe:

> "La aplicación más fundamental de "comenzar con el final en mente" es comenzar hoy con la imagen, representación o paradigma del final de su vida como su marco de referencia o el criterio por el cual se examina todo lo demás. . . Al tener ese final en

mente, puede asegurarse de que cualquier cosa que haga en un día en particular no viole los criterios que ha definido como sumamente importantes".

El "final en mente" para ti, es que Dios aún no ha terminado contigo. Debes poder concentrarte en el final y mantenerlo delante de ti para que te guíe cómo vives y qué dices. Puedes hacerlo a través de la fe de que Dios terminará la obra que comenzó en ti.

La mentalidad de carbón a diamantes es la misma mentalidad que Abraham tenía en el monte Moriah. Él había recibido instrucciones de parte de un ángel del Señor para ir allí y sacrificar a su hijo, Isaac. Isaac era el hijo de la promesa; Abraham había depositado en él sus esperanzas para el futuro. Pero Abraham obedientemente fue al lugar que el Señor le había enviado.

Una vez que llegó, pronunció estas asombrosas palabras a sus sirvientes que habían viajado con él: "Entonces dijo Abraham a sus siervos: Esperad aquí con el asno, y yo y el muchacho iremos hasta allí y adoraremos, y volveremos a vosotros". (Génesis 22: 5). En lo que respecta a Abraham, estaba subiendo esa montaña para sacrificar a su hijo. Sin embargo, confiaba en que Dios le devolvería a ese hijo porque Isaac era la promesa de Dios para él. Él dijo: "Volveremos" y no dijo, "Regresaré".

No es de extrañar que Abraham sea el padre de la fe. Tenía fe tamaño "volveremos". Cuando parecía inútil y no podía ver su salida, dijo: "Volveremos". No les pidió a los sirvientes que lo buscaran; no buscó simpatía ni dio lugar a la autocompasión. Él simplemente dijo: "Volveremos". En la mente de Abraham, él ya había sacrificado a Isaac; Isaac estaba muerto para él. Es por eso que el escritor de Hebreos escribió: "pensando que Dios es poderoso para levantar aun de entre los muertos, de donde, en sentido figurado, también le volvió a recibir". (Hebreos 11:19).

Si eres un hijo de Abraham, entonces necesitas la fe tamaño "volveremos", teniendo en cuenta el final, para extraer el oro en tu vida. Es posible que hayas fallado en los negocios o el ministerio antes; puede haber relaciones rotas en tu pasado;

tu historial financiero puede no ser el mejor. En otras palabras, puedes ser solo un viejo trozo de carbón. Pero la fe tamaño "volveremos" dice que algún día serás un diamante por la gracia y el poder de Dios. Tener eso en mente hará que actúes de acuerdo con lo que será el final y no con lo que se dice hoy.

Romanos 14:23 dice: "Todo lo que no proviene de la fe, es pecado". Busqué la palabra griega para "todo" e hice un descubrimiento sorprendente. La palabra para "todo" en ese versículo significa "todo". ¿No te parece muy profundo? No hay excepciones, tu propósito, creatividad, metas y manejo del tiempo deben comenzar y ser sostenidos por tu fe. Si no son sostenidos por la fe, lo serán por tus propios esfuerzos y se desvanecerán tal como sucede con la moda o explosión de energía humana.

Hebreos 11: 6 dice: "Es imposible agradar a Dios". No hay nada que puedas decir que Él ya no sepa; no hay nada que puedas hacer que no haya visto antes o que no haya hecho mejor; no hay nada que le puedas dar que necesite; ni hay nada que puedas crear que lo impresione. "Es imposible agradar a Dios".

Gracias a Dios eso no es todo lo que el versículo tiene que decir. En su totalidad, dice: "Sin fe, es imposible agradar a Dios". Sin fe, Dios no se conmueve. Con fe, hombres y mujeres, algunos de los cuales figuran en Hebreos 11, hicieron grandes cosas y agradaron al Señor en el proceso.

Lo más sorprendente para mí acerca de las personas que figuran en Hebreos 11 es su humanidad. Ninguno de ellos era perfecto, y algunos tenían graves problemas de carácter. Sin embargo, operaron con fe, y el Señor estaba complacido con ellos, tanto que mostró sus vidas en este capítulo de la Biblia que se puede llamar el "salón de la fama" de la fe.

Piénsalo. ¿Podría Sansón (un hombre con problemas morales) ser miembro en alguna iglesia hoy, y mucho menos un líder? ¿Podría Rahab (una prostituta) encabezar la reunión de oración de las damas? ¿Podría Moisés (un asesino) liderar una denominación hoy? ¿Y qué hay del rey David después de su adulterio e intento de encubrimiento? ¿Habría seguido siendo rey después de que los medios modernos lo hubieran destrozado a través de informes de investigación?

En cada caso, Dios no presentó a estos héroes por sus defectos; fueron presentados como ejemplos porque eran hombres y mujeres de fe. Fue su fe la que hizo la diferencia, y tu fe también hará la diferencia.

La fe es vital porque te lleva del reino de lo visible al reino de lo invisible. Cuando ejercitas la fe, te pones en contacto con la realidad, no con la realidad de los cinco sentidos, sino con la realidad del reino celestial. La fe abre tus oídos para escuchar y tus ojos para ver las cosas desde la perspectiva de Dios, liberándote así de la perspectiva limitada de este mundo. La Fe, también te permite decir: "Volveremos", tal como lo hizo Abraham.

Pablo escribió: "no mirando nosotros las cosas que se ven, sino las que no se ven; pues las cosas que se ven son temporales, pero las que no se ven son eternas". (2 Corintios 4:18). En el próximo capítulo, examinaremos este principio en la vida del profeta Eliseo, y luego procederemos a partir de allí a ofrecer sugerencias sobre cómo aplicar tu fe en la vida cotidiana a medida que aplicas los Principios de la Mina de Oro.

Capítulo 23

Oídos que Escuchan, Ojos que Ven

Como ya sabes, me encanta el libro de Proverbios. Al igual que otros libros de la Biblia, algunos de los versículos en Proverbios son más difíciles de comprender que otros. Uno de esos versículos para mí se encuentra en Proverbios 20:12: "Los oídos para oír y los ojos para ver; ambos son regalos del Señor". Durante años me pregunté qué significaba eso. El sentido común me dijo que el Señor es el Creador de todo, incluidos mis ojos y oídos. Y el sentido común me dijo además, que los hizo ver y escuchar respectivamente. ¿Por qué el escritor de Proverbios siente la necesidad de escribir este versículo aparentemente simple con un significado obvio?

Mientras estudiaba y meditaba sobre esto, me di cuenta de algo de lo que se trata Proverbios 20:12. Para ayudar a explicártelo, usaré una historia que se encuentra en 2 Reyes 6:8-12

"Cada vez que el rey de Aram entraba en guerra con Israel, consultaba con sus funcionarios y les decía: «Movilizaremos nuestras fuerzas en tal y tal lugar». Sin embargo, de inmediato Eliseo, hombre de Dios, le advertía al rey de Israel: «No te acerques a ese lugar, porque allí los arameos piensan movilizar sus tropas». Entonces el rey de Israel mandaba un aviso al lugar indicado por el hombre de Dios. Varias veces Eliseo le advirtió al rey para que estuviera alerta en esos lugares. Esa situación disgustó mucho al rey de Aram y llamó a sus oficiales y les preguntó:—¿Quién de ustedes es el traidor? ¿Quién ha estado informándole al rey de Israel acerca de mis planes?—No somos nosotros, mi señor el rey —respondió uno de los oficiales—. ¡Eliseo, el profeta de Israel, le comunica al rey de Israel hasta las palabras que usted dice en la intimidad de su alcoba!".

La única respuesta lógica a esta situación para el rey de Aram (Siria actual) era que había un espía entre ellos. Alguien estaba filtrando información a la prensa, por así decirlo, porque el rey de Israel siempre sabía lo que el rey de Aram estaba a punto de hacer. Sin embargo había una razón espiritual detrás de la situación del rey. Había un hombre en Israel que tenía "oídos para escuchar". Eliseo no prestó atención a lo que todos los demás escuchaban; él escuchó la voz del Señor. Eliseo estaba usando sus oídos para lo que fueron creados, para escuchar.

¿Qué pasa contigo? ¿Qué le permites escuchar a tus oídos? ¿Escuchas los informes económicos y luego decides que este no es un buen momento para dar, invertir o construir? Cuando estableces tus objetivos, ¿dejas que alguien más te diga cómo no se puede hacer o por qué no eres tú quien lo debe hacer? Si es así, eso no es lo que Dios hizo para tus oídos. Los hizo para que escuches Su voz y para que cuando la escuches, marches a su ritmo.

La historia en 2 Reyes 6 continúa.

"Vayan a averiguar dónde está—les ordenó el rey—, para mandar soldados a capturarlo. Luego le avisaron: «Eliseo está en Dotán». Así que una noche, el rey de Aram envió un gran ejército con muchos caballos y carros de guerra para rodear la ciudad". (2 Reyes 6:13-14).

¡Esto muestra la necedad de la mente natural del rey de Aram! Simplemente le dijeron que el profeta siempre sabía lo que el rey estaba planeando, por lo que el rey se dio la vuelta e ideó otro plan. ¿Qué le hizo pensar que el profeta no sabría sobre este nuevo complot?

Entonces el ejército fue y rodeó el lugar donde vivía Eliseo, tal como se les había ordenado. Luego leemos en el versículo 15 "Al día siguiente, cuando el sirviente del hombre de Dios se levantó temprano y salió, había tropas, caballos y carros de guerra por todos lados. —¡Oh señor! ¿Qué vamos a hacer ahora? —gritó el joven a Eliseo".

Tal vez este sea tu grito cuando lees esto: "Oh, mi Señor, el alquiler vence el próximo sábado. ¿Qué haremos? "Oh mi Señor, ¿Cómo puedo pagar una nueva clase de computadora o música o la inversión que necesita mi negocio?" "Oh mi Señor, ¿De dónde vendrá el dinero para el ministerio o las misiones? "Señor, ¿cómo puedo encontrar el tiempo para terminar la escuela y trabajar a tiempo completo?"

Si es así, entonces el Señor te dirá lo mismo que dijo a través del profeta a su siervo: "Él le dijo: No tengas miedo, porque más son los que están con nosotros que los que están con ellos". (2 Reyes 6:16). Quizás el criado pensó: "No conoce la situación. Lo he visto con mis propios ojos y es malo. Llamemos al Pentágono o la Guardia Nacional o al banco o al consejero. Mi maestro tiene la cabeza en las nubes. No lo entiende".

Tal vez has hecho lo mismo. Alguien ha tratado de alentarte a que tu situación financiera no sea tan mala como crees, pero has respondido con las mismas palabras. Quizás alguien te haya dicho que necesitas un edificio para la iglesia, pero sabes lo difícil que es obtener bienes raíces en tu área. O tal vez has tenido la idea de abrir tu propio negocio, pero "no hay forma" de que empieces. A pesar de que todas esas respuestas pueden ser ciertas, tus circunstancias no necesariamente tienen que cambiar. Es posible que quien necesite cambiar seas tú y usar tus ojos para el propósito que Dios les dio.

¿Qué hizo Eliseo? ¿Habló con su sirviente? ¿Le hizo leer un libro o escuchar un buen sermón sobre la fe? Esto es lo que hizo Eliseo: "Y oró Eliseo, y dijo: Te ruego, oh Jehová, que abras sus ojos para que vea. Entonces Jehová abrió los ojos del criado, y miró; y he aquí que el monte estaba lleno de gente de a caballo, y de carros de fuego alrededor de Eliseo". (2 Reyes 6:17).

Nota que ninguna de las circunstancias cambió después de que Eliseo oró. Los ejércitos extranjeros no se fueron, ni llegó otro ejército para ayudar. El sirviente no se armó, ni el mal tiempo ahuyentó a los invasores. Lo único que sucedió fue que los ojos del criado se abrieron. El profeta entendió que lo único que tenía que suceder era que se abrieran los ojos de su sirviente.

> **Pepita de Oro #18**
>
> "...Abre tus ojos, y te saciarás de pan."
> —Proverbios 20:13b (RVR1960)

Covey escribe mucho sobre el concepto de paradigmas (paradigms en inglés y pronunciado par-a-daims que significa un par de monedas de diez centavos). "Una manera simple de entender los paradigmas es verlos como mapas . . . [Un paradigma] es una teoría, una explicación o un modelo de otra cosa".[2] Covey continúa explicando que "Si queremos tener un cambio a largo plazo de nuestras actitudes y comportamientos externos, necesitamos examinar con frecuencia los paradigmas básicos de los cuales fluyen esas actitudes y comportamientos".[3]

Por ejemplo, antes de Cristóbal Colón, la mayoría de las personas creían el paradigma de que la tierra era plana. Los artistas dibujaron bocetos de barcos que navegaban hasta el fin del mundo, y estos bocetos fueron consistentes y reforzaron el paradigma de la época. Un paradigma contemporáneo de esa teoría fue que se creía que los planetas giraban alrededor de la tierra en lugar del sol.

Colón causó un cambio de paradigma cuando navegó al nuevo mundo y demostró que la tierra era redonda. Copérnico hizo posible un cambio de paradigma cuando demostró que el sol estaba en el centro del universo como realmente es. La gente continuó luchando contra la realidad de los nuevos paradigmas, pero su resistencia no impidió que ocurrieran los cambios de paradigma.

Cuando ves con los ojos de la fe, tu paradigma o modelo para la realidad cambia. El sirviente de Eliseo experimentó un cambio de paradigma cuando vio los carros y los caballos que rodeaban al ejército de Aram. Tú también puedes necesitar solo un cambio de paradigma en lugar de un cambio en tus circunstancias. Pablo escribió a la iglesia de Efeso sobre su capacidad de ver lo invisible:

> "Alumbrando los ojos de vuestro entendimiento, para que sepáis cuál es la esperanza a que él os ha llamado, y cuáles las riquezas de la gloria de su herencia en los santos, y cuál la supereminente grandeza de su poder para con nosotros los que creemos, según la operación del poder de su fuerza". (Efesios 1:18-19).

Pablo sabía lo que Eliseo supo siglos antes de que Él ministrara: Dios quiere que su pueblo vea las cosas desde Su perspectiva. Quiere cambiar tu paradigma de lo visible, al paradigma que proviene de lo invisible. Cuando lo haces y comienzas a confiar en esa perspectiva eterna, entiendes que Dios puede empoderarte para hacer grandes cosas, independientemente de lo que parezca en lo natural.

Considera este hecho en la vida de los mencionados en Hebreos 11 mirando los siguientes versículos:

1. "Es, pues, la fe la certeza de lo que se espera, la convicción de lo que no se ve". (Hebreos 11: 1). La esencia de la fe es estar seguro, no de lo que puedes ver, sino de lo que no puedes ver. Los ojos iluminados brindan certeza sobre aquellas cosas que no se pueden ver con la mente natural.

2. "Por la fe entendemos haber sido constituido el universo por la palabra de Dios, de modo que lo que se ve fue hecho de lo que no se veía". (Hebreos 11:3). La fuente de lo que se ve no se encuentra en otras materias primas que también se pueden ver. La raíz de lo que se ve está en la palabra invisible de Dios que produjo la creación.

3. "Por la fe Noé, cuando fue advertido por Dios

acerca de cosas que aún no se veían...". (Hebreos 11:7a). Dios le habló a Noé acerca de la lluvia, las inundaciones y un arca, todas las cosas que nunca antes se habían visto en lo natural. Noé puso su fe en la palabra de Dios, a pesar de que no tenía precedentes históricos de lo que el Señor dijo.

4. **"Porque esperaba la ciudad que tiene fundamentos..."** (11:10a) ¿Qué causó que Abraham dejara su país y partiera hacia lugares desconocidos? Vio otra ciudad, construida por Dios. Con eso firmemente a la vista, emprendió un viaje que cambió el curso de la humanidad.

5. **"Conforme a la fe murieron todos éstos sin haber recibido lo prometido, sino mirándolo de lejos, y creyéndolo..."**. (Hebreos 11:13a). La gente de la antigüedad vio las promesas y las recibió. En realidad no las vieron pasar en la historia, pero cuando las vieron con su visión espiritual, sintieron que ya las tenían. Murieron "en fe" por lo que vieron, y Dios estaba complacido con ellos. Ver las cosas desde una perspectiva eterna en ausencia de tiempo puede acercar la realidad de esas cosas mucho más de lo que realmente son. Sin embargo, eso no las hace menos reales.

6. **"Por la fe Moisés, cuando nació, fue escondido por sus padres por tres meses, porque le vieron niño hermoso..."**. (11:23a). Cuando nació nuestro hijo, mi esposa lo miró y dijo: "Quizás él sea inteligente". Ningún recién nacido es hermoso al principio debido al trauma del nacimiento. Los padres de Moisés miraron a este niño e ignoraron el edicto de Faraón de que lo arrojaran al río. Vieron el propósito de Dios sobre él y les hizo actuar de manera diferente a los otros padres de la época.

7. **"...[Moisés] tenía puesta la mirada en el galardón"**. (Hebreos 11:26b). Moisés le dio la espalda a su herencia egipcia porque vio algo más: la recompensa para el pueblo de Dios, que en última instancia era el Mesías.

8. **"Por la fe dejó a Egipto, no temiendo la ira del rey; porque se sostuvo como viendo al Invisible"**. (Hebreos 11:27). Faraón en contra de Moisés, amenazándolo con el respaldo de

todo el poder del ejército egipcio. Moisés miró más allá del que podía ver (Faraón) a Aquel que no puede ser visto (el Señor). Lo que vio en lo invisible le permitió actuar y eventualmente derribar el poder militar de Egipto sin disparar una flecha.

9. "Puestos los ojos en Jesús, el autor y consumador de la fe". (Hebreos 12:2a). Se te ordena que fijes tus ojos en Aquel que es invisible. Si puedes hacer eso, encontrarás la fuente y el sustentador de tu fe. Si te enfocas en las circunstancias, tu fe perderá su línea de vida y perecerá.

Permíteme ilustrar esto más lejos de mi propia experiencia personal. Hace muchos años, pusimos a la venta nuestra casa, pero durante meses no pasó nada. Decidimos que la fe requiere acción (algo que discutiremos más adelante), así que salimos y buscamos una casa nueva antes de vender la que teniamos en ese momento. Para nuestra sorpresa, la primera casa que vimos fue de la que nos enamoramos.

Nos fuimos a casa contentos de haber encontrado nuestra nueva casa, pero todavía no sucedía nada en la venta de nuestra casa. Así que decidimos que lo siguiente era hacer una oferta para la nueva casa, dependiendo de la venta de la que teníamos en ese momento.

Mientras tanto, una familia de la India presentó una oferta sobre nuestra casa que era tan baja que la rechazamos directamente sin contraoferta. Nos estábamos acercando a la fecha límite del acuerdo, y oré una mañana y le pedí a Dios que abriera mis ojos para poder ver lo que me faltaba. Esa noche, mi hija, que entonces tenía solo cuatro años, entró corriendo para decirme que la "familia india" acababa de pasar por nuestra casa. Cuando dijo eso, supe que mi oración había sido respondida. En ese mismo instante, el Señor abrió mis ojos para ver que las personas que habían presentado la única oferta que habíamos recibido, todavía estaban interesadas. Había rechazado su oferta porque pensaba que era demasiado baja. Entonces me di cuenta de que debía aceptar su oferta y confiar en el Señor por el dinero que aún necesitaríamos para mudarnos a nuestro nuevo hogar.

Llamé a mi agente de bienes raíces esa noche y le dije que hiciera el mejor trato posible. Solo 36 horas antes de nuestra fecha límite para la oferta de la nueva casa, vendimos nuestra casa. Por supuesto, todavía nos faltaban $ 10,000 de lo que necesitábamos para cerrar el trato del nuevo hogar. Sin embargo, Dios me había abierto los ojos y estaba confiando en Él. Dos semanas después, cerramos el trato de esa nueva casa. Alguien nos prestó inesperadamente los $ 10,000 a una tasa de interés baja. Pagamos ese dinero y disfrutamos de nuestro nuevo hogar durante cinco años, vendiéndolo después de mudarnos a Orlando, Florida. El Señor había usado a mi hija de cuatro años para abrirme los ojos y vi cosas desde Su perspectiva. El resto fue resuelto en lo natural, ya que confiamos en Él para la provisión.

Dios hará lo mismo por ti. Él quiere que tengas ojos que vean y oídos que escuchen, tal como los creó. Al cerrar este capítulo, vamos a tocar un verso más. Tal vez lo hayas citado o hayas escuchado a alguien predicar al respecto. Se encuentra en Efesios 3:20 y se cita con mucha frecuencia, "Y a Aquel que es poderoso para hacer todas las cosas mucho más abundantemente de lo que pedimos o entendemos...". Si alguna vez has citado ese versículo de esa manera, ¡has cometido un grave error! Dios no puede hacer inconmensurablemente más de lo que pides o imaginas porque no está en el negocio de "hacer inconmensurablemente más" sin tener la última parte de ese versículo incluida, "...según el poder que actúa en nosotros". Si no hay poder trabajando en ti, entonces el poder de Dios está limitado, no por diseño, sino por Su elección.

¿Qué energiza el poder dentro de ti? Es la visión que tienes de lo que Dios puede hacer; lo que ocurre cuando usas los ojos para ver y los oídos para oír. Esa visión del «final en mente» te permite confiar en que el Señor hará lo que Él dijo o te mostró que haría, independientemente de lo que esté sucediendo a tu alrededor. Dios es fiel y poderoso, pero tu fe en Él libera Su poder para actuar a tu favor.

Antes de leer el próximo capítulo, pídele al Señor que

> **Pepita de Oro #19**
>
> "Sin profecía el pueblo se desenfrena..."—
> Proverbios 29:18a (RVR1960)

abra tus oídos y ojos. Pídele que te muestre lo que no has visto que puede marcar la diferencia en tu vida. Tal vez necesites dejar de orar para que cambie tu situación y comenzar a orar para que cambie tu corazón. O tal vez solo necesitas tener los ojos u oídos abiertos. Quizás no puedas verte cumpliendo tu propósito, siendo creativo o logrando objetivos elevados. Puedes estar diciendo: "Estoy desorganizado y así es como siempre estaré". Si es así, entonces necesitas cambiar tu paradigma personal.

No hay mejor manera de cambiar tu corazón o paradigma, que aclarar tu visión de la realidad desde la perspectiva del Señor. Una vez que hayas hecho eso, pasa al siguiente capítulo que te mostrará cómo preservar tu fe para que puedas ver el objeto de tu fe cumplido.

Capítulo 24

¿Cómo Puedo Saber con Certeza?

La mayoría de la gente quiere certeza en lo que concierne a las cosas de Dios. Uno de los grandes temores que escucho regularmente es que las personas no quieren alejarse del Señor o adelantarse a Él. La pregunta que me hacen con más frecuencia cuando se trata de operar con fe es: ¿cómo puedo estar seguro de que es el Señor para no caminar en presunción? Puede que te preocupe lo mismo porque has visto a otros tan seguros de que estaban caminando con fe, solo para sentirse decepcionados cuando lo que tenían fe que pasaría nunca sucedió. Cuando eso sucede, la gente se avergüenza, la reputación del Señor se daña y la gente sufre. Esos ejemplos pueden estar evitando que actúes con fe audaz porque temes terminar como esas personas decepcionadas.

Además, la gente ha leído Hebreos 11: 1, que dice que la fe es " Es, pues, la fe la certeza de lo que se espera, la convicción de lo que no se ve". (RVR1960). Quieren saber cómo pueden tener la convicción de cosas espirituales que no se pueden ver. Eso incluiría los Principios de la Mina de Oro, como El Propósito, La Creatividad y Las Metas. No puedo culpar a nadie por buscar la seguridad de la fe cuando se trata de cuestiones tan importantes en la voluntad de Dios.

Tuve que resolver estos problemas yo mismo, ya que como pastor, vi mi parte de aventuras de fe que salían mal. Y para ser sincero, tuve algunas así. Sin embargo, a lo largo de los años, he respondido dos preguntas relacionadas que me han ayudado a responder la pregunta: "¿Cómo puedo estar seguro de que el Señor me está dirigiendo?"

Un compañero pastor me hizo la primera pregunta mientras estábamos almorzando. Me preguntó: "¿Por qué crees que hay billetes falsos de $ 20?" Lo pensé por un tiempo pero no pude darle una respuesta satisfactoria. Finalmente respondió a su propia pregunta diciendo: "Porque hay billetes reales de $ 20". Nadie se tomará la molestia de falsificar algo que no tiene valor. Los falsificadores imitan lo real con la esperanza de hacer pasar lo falso como real.

El hecho de que sepa que hay billetes falsos de $ 20 no significa que me niegue a aceptar ningún billete de $ 20. Si me preocupa tanto obtener $ 20 falsos, simplemente tomaría precauciones para asegurarme de que lo que obtengo sea real. Si recibiera un billete falso, lo aceptaría como pérdida y trataría de ser más cuidadoso. Pero si me volviera tan paranoico que lo que obtengo puede ser falso, podría dejar pasar la realidad si soy demasiado cauteloso.

Así es con la fe. Por supuesto, hay una fe falsa en circulación. Está ahí para desalentar al pueblo de Dios de operar con una fe real y vibrante. El hecho de que algunos (incluso tú) hayan aceptado una falsificación en un momento u otro, no significa que deban rechazar toda fe. Trata los errores como tratarías a ese billete falso de $ 20: aprende de ellos y prepárate mejor para distinguir lo real de lo falso.

Responder esa pregunta me ayudó a ver que no hay cosas seguras en la vida o la fe. Vi que mi deseo de saber con certeza antes de actuar, era irreal y presuntuoso. Abraham no lo entendió todo antes de abandonar su tierra natal, y una vez que comenzó, cometió algunos errores en el camino. Afortunadamente, no renunció a tener un Isaac solo porque había engendrado un Ismael. Dios es más grande que mis errores, y puede trabajar con mis errores si mi corazón está en lo correcto.

La segunda pregunta que me ayudó a responder "¿Cómo puedo estar seguro?" fue hecha por un compañero pastor en un mensaje sobre la familia. Me retó: "Debido a que hay divorcio, ¿dejas de mantener el matrimonio como el estándar de Dios para la familia?". Después de pensarlo un poco, concluí que la respuesta era no. He visto que algunos matrimonios terminan en divorcio, sin embargo, he seguido brindando asesoramiento matrimonial, celebrando bodas y haciendo todo lo posible para mantener a la familia. He llorado los divorcios, pero no he renunciado al matrimonio.

Concluí que así es como también debes tratar la fe. El hecho de que las personas imperfectas lo hayan aplicado de manera imperfecta a veces, no significa que debas tener miedo o dudar de caminar tú mismo con fe. Aférrate a la verdad de que "sin fe es imposible agradar a Dios" y camina en ella, sabiendo que eres imperfecto y que nunca tendrás un conocimiento o comprensión perfectos.

Con eso en mente, no te sorprenderá ni permitirás que tu fe naufrague cuando tengas que hacer cambios o ajustes a mitad de camino si comprendes al Señor y sus propios motivos con mayor claridad. En otras palabras, serás como el padre que le dijo a Jesús: "...Creo; ayuda mi incredulidad". (Marcos 9:24b).

Este padre admitió su imperfección, incluida su incredulidad, y Jesús aun así sanó a su hijo. Su incredulidad no hizo que el Señor lo rechazara o lo dejara hasta que su fe fuera perfecta. En cambio, la honesta admisión del hombre de su debilidad humana aún movió al Señor a actuar en su nombre.

Si bien siempre existe el peligro de que te estés moviendo con tu propia fuerza o comprensión, hay dos cosas que te ayudarán a evitar el dolor de la fe que es presuntuosa o fuera de curso. Estas dos cosas también pueden ayudarte a responder la pregunta: "¿Cómo puedo estar seguro?". Lo primero es darse cuenta de que la agenda de tu fe descansa en las manos de Dios. Lo segundo es que debes preparar tu corazón para recibir la palabra del Señor, el fundamento de tu fe. Abordemos ambos problemas por separado.

La agenda de tu fe descansa en Dios, por lo que no tienes que elaborar una para ti. No tienes que preguntarte: "¿Para qué le creeré al Señor hoy?" Esto también significa que no eres libre de decidir qué quieres tener, qué quieres ser y cómo quieres llegar allí. Todas esas cosas deben tener su comienzo en el Señor, y tú debes entrar en esa realidad después de que Él te las haya aclarado.

Y esas son buenas noticias. Dios es el iniciador o autor de tu fe. No depende de ti trabajar o desarrollar tu fe. Dios le ha dado a cada persona una medida de fe, y Él te mostrará dónde necesitas ejercer esa fe. Cuando Dios quiere aclarar algo, es más que capaz de hacerlo. Todo lo que tienes que hacer es ser receptivo y dispuesto a seguir adelante.

Es por eso que trabajo con la gente para tomar sus pensamientos e ideas en serio y no ser demasiado rápido para marcarlos como "no del Señor". Dios usará tus pensamientos para guiar tus acciones y dirección, pero esos pensamientos deben ser aceptados con fe. Si oras, "Dios, haré tu voluntad; ¿Cúal es?" y luego tienes una oportunidad de reunirte o recibir una llamada telefónica inesperada, cualquiera de las cuales está relacionada con tu oración, entonces al menos debes considerar con fe que Dios ha respondido tu oración y no descartarla al azar.

El 18 de mayo de 1973, conocí al Señor a través de una conversión simple pero profunda. Fui criado católico y había estudiado para ser sacerdote durante cinco años antes de partir para perseguir otros intereses. El 19 de mayo, supe que el Señor me estaba diciendo: "Vas a salir de tu iglesia, entrarás al ministerio a tiempo completo y predicarás, y darás tu vida a Mi servicio".

Cómo lo supe? No estoy seguro. Esas no eran cosas que realmente quería hacer o que alguna vez había pensado hacer, ni eran algo que esperaba. Pero no pude evadir esos pensamientos a partir de ese día. Dios se había comunicado conmigo, y dependía de mí poner mi fe en lo que me mostró ese día. El ministerio se convirtió en parte de mi agenda de fe. ¿Qué tan seguro estaba? Estaba seguro de que el Señor me había hablado. ¿Tuve momentos de duda? ¡Seguro! Durante esos tiempos, todo lo que podía hacer era poner mi fe en lo que creía haber escuchado del Señor. El resto dependía de él. Otros que han sido llamados al ministerio pueden compartir sus propios llamamientos, y algunos ciertamente son más dramáticos que los míos. Mi punto es que puse mi fe en ese llamado y me aferré a él en los buenos y malos momentos. Y hubo muchos malos momentos.

No subí a mi propio púlpito hasta 16 años después. Hubo momentos en que estaba tan lejos de un púlpito que no vi cómo se podría cerrar la brecha. Todo lo que tenía era esa palabra del Señor. Y hubo momentos durante esos 16 años en que temía que no se hiciera realidad. Pero cada vez que me deprimía, el Señor enviaba un mensajero, un verso o un recordatorio, y Su promesa se activaba en mí una vez más: algún día estaría a Su servicio.

Esta es la misma situación en la que se encontró Abraham. Mientras que él quería un hijo, fue el Señor quien inició la promesa de un hijo. Abraham no inventó eso; Dios se lo habló a él.

Hubo momentos en que parecía que la promesa había fallado. Abraham incluso había tratado de ayudar a Dios al embarazar a la criada de Sarah. Sin embargo, incluso en medio de su fracaso, la palabra se mantuvo vigente. Luego, cuando Abraham tenía 100 años, la palabra del Señor se hizo realidad y tuvo un hijo.

Abraham no "llamó, ni reclamó" un hijo. No decidió un día que el Señor le debía un hijo porque vio a muchos otros que tenían uno o más. Tampoco tienes que hacer eso nunca. Dios le habló a Abraham, y eso se convirtió en el fundamento de su fe de que tendría un hijo. Dios también te hablará, y tu única responsabilidad será escuchar y obedecer. La agenda de fe de Abraham comenzó y terminó con Dios. La tuya también lo hace al confiar en Jesús, "el autor y perfeccionador de nuestra fe".

Ahora, cuando digo que el Señor te hablará, es posible que nuevamente te preocupe el "cómo hablará Dios y si podrás escucharlo". No te preocupes. Dios puede aclarar lo que quiera decir. Él puede usar las circunstancias, otra persona, un verso de la Escritura, esa pequeña voz interior o cualquier combinación de estas para confirmar Su palabra para tu vida. Incluso entonces puedes tener dudas. ¡Qué mejor momento para ejercer la fe que tienes!

Confío en que puedas ver la relevancia de esto para los Principios de la Mina de Oro. La gente preguntará: "¿Cómo sabes que ese es tu propósito?". Le preguntaste a Dios, tuviste fe y luego confiaste en que lo que viste o entendiste es la respuesta a tu búsqueda. "¿Cómo sabes qué libro escribir o que pintura pintar?" Sabes por fe, porque no tenías 100 ideas, solo tenías una o dos y actuabas sobre esas ideas. "¿Es esa la meta correcta para tu vida en este momento?". Lo has estado pensando durante tres años, no desaparecerá, así que, por fe, lo aceptas como algo que se supone que debes hacer.

Habiendo establecido que el Señor establecerá tu agenda de fe, el segundo tema que debes abordar es que debes preparar tu corazón para recibir la palabra de Dios. La fe no tiene que ser dramática con los relámpagos y la voz de Dios sonando desde la cima de una montaña. La fe puede venir y, a menudo, viene mientras preparas tu corazón, un corazón que a menudo está mal equipado para tratar con Dios.

Uno de los discípulos de Jesús se llamaba Tomás, y hoy lo conocemos como "Tomás el incrédulo". Cuando le dijeron que el Señor había resucitado de la muerte, la respuesta de Tomás fue la siguiente: "...Si no viere en sus manos la señal de los clavos, y metiere mi dedo en el lugar de los clavos, y metiere mi mano en su costado, no creeré". (Juan 20:25). Tomás persistió en esta dureza de corazón durante una semana, hasta que el Señor se presentó para proporcionar la evidencia que exigía:

> "Ocho días después, estaban otra vez sus discípulos dentro, y con ellos Tomás. Llegó Jesús, estando las puertas cerradas, y se puso en medio y les dijo: Paz a vosotros. Luego dijo a Tomás: Pon aquí tu dedo, y mira mis manos; y acerca tu mano, y métela en mi costado; y no seas incrédulo, sino creyente. Entonces Tomás respondió y le dijo: ¡Señor mío, y

Dios mío! Jesús le dijo: Porque me has visto, Tomás, creíste; bienaventurados los que no vieron, y creyeron". (Juan 20:26-29).

No debemos ser demasiado duros con Tomás, porque Jesús confrontó a todos los discípulos después de su resurrección por el mismo problema: dureza de corazón: "Finalmente se apareció a los Once mismos, estando ellos sentados a la mesa, y les reprochó su incredulidad y dureza de corazón, porque no habían creído a los que le habían visto resucitado". (Marcos 16:14). Es obvio que esta dureza era algo que los discípulos habían permitido, incluso cultivado, y el Señor indicó que esto era inaceptable.

El escritor de Hebreos incluyó esta advertencia en su carta:

"...me probaron, Y vieron mis obras cuarenta años. A causa de lo cual me disgusté contra esa generación, Y dije: Siempre andan vagando en su corazón, Y no han conocido mis caminos. Por tanto, juré en mi ira: No entrarán en mi reposo. Mirad, hermanos, que no haya en ninguno de vosotros corazón malo de incredulidad para apartarse del Dios vivo". (Hebreos 3:9-12).

El escritor no sugirió que tal vez la gente necesitaba considerar no tener un "corazón pecador e incrédulo". Les ordenó que no permitieran que ninguno de los dos se desarrollara. Y parece que el escritor te advierte especialmente que tengas cuidado de no endurecer tu corazón "si escuchas Su voz". Cuando el Señor habla, puedes elegir aceptar y actuar, o ignorar y quedarte quieto. La decisión es tuya; muy a menudo esa decisión será dictada por la condición de nuestro corazón.

Hay muchas maneras de mantener tu corazón bien alineado. Mantén una vida de oración vibrante; lee la Palabra de Dios regularmente y busca entendimiento. Elige temas y estudia lo que la palabra de Dios tiene que decir sobre ellos en profundidad. Memorizar versículos de las Escrituras es una buena manera de almacenar la Palabra en tu corazón.

También llevo conmigo un breve diario de cosas importantes que el Señor me ha mostrado a lo largo de los años. Me fijo en esta lista en momentos de desánimo, y me refresca al permitirme recordar las verdades que el Señor me ha mostrado a través de Su Palabra o por experiencia. ¡Con la tecnología de hoy, llevar recordatorios de la obra y las palabras de Dios para ti no debería ser demasiado difícil! Hay otros que han practicado llevar un diario que narra su caminar con el Señor. De vez en cuando leen sus diarios, lo que les recuerda la fidelidad del Señor y estimulan su fe.

También puedes considerar mantener tu propio diario, utilizando tu sistema de manejo del tiempo o tu tecnología para las notas regulares. Pero que al menos tengas un archivo o algún otro medio para mantener esas palabras especiales que el Señor te ha dado.

También he encontrado que el ayuno es una práctica excelente que ayuda a mantener tu corazón suave y flexible en las manos de Dios. Es posible que desees elegir un día normal en el que ayunes y también bloquees en tu calendario varios días cada seis meses más o menos cuando simplemente dejes de comer y pases ese tiempo con el Señor.

Finalmente, pedirle al Señor que te muestre la condición de tu corazón debería ser una oración regular. El salmista escribió: "Examíname, oh Dios, y conoce mi corazón; Pruébame y conoce mis pensamientos; Y ve si hay en mí camino de perversidad, Y guíame en el camino eterno". (Salmo 139: 23-24). Dios conoce la condición de tu corazón y también puede mantenerte al tanto de lo que hay allí. La clave es pedirle que lo haga.

Cuando se trata de la fe, todos deben responder la pregunta, "¿Cómo puedo estar seguro?" Si bien nunca puedes estar 100% seguro, hay pasos que puedes seguir para reducir tu margen de error a medida que caminas en la fe. En primer lugar, relájate. Jesús es el autor e iniciador de tu fe. Luego prepara tu corazón para recibir la palabra del Señor y trabaja para evitar que se endurezca una vez que la hayas escuchado. Si haces tus mejores esfuerzos, Dios no te abandonará. Él te encontrará en donde estés, porque cualquiera que se acerque a Él "...porque es necesario que el que se acerca a Dios crea que le haya, y que es galardonador de los que le buscan". (Hebreos 11: 6). Con eso en mente, pasemos a definir los pasos finales que se deben tomar para realizar la transición de carbón a diamantes.

Capítulo 25

Camina en lo que Ves

La fe te lleva del reino de lo visible al reino de lo invisible. Hace que camines y actúes de acuerdo con circunstancias invisibles que a veces parecen justificar hacer exactamente lo contrario de lo que puedes ver. Si se vencen las facturas y tienes unos pocos dólares, lo último que debes hacer en forma natural es regalar ese dinero. Sin embargo, cuando te mueves del reino de lo visible a lo invisible, eso puede ser lo que necesitas y escoges hacer.

Puedes sentir que "debes negar la realidad, sin mencionar siquiera lo que está sucediendo a tu alrededor", si deseas que tu fe sea recompensada. Esto ha llevado a algunas personas a negar síntomas de enfermedades, ignorar problemas financieros o hacer confesiones desesperadas de fe para tratar de escapar de situaciones difíciles y demostrar que tienen fe. Pero caminar de lo visible a lo invisible no requiere que hagas nada de eso.

> **Pepita de Oro #20**
>
> "... los ojos del necio vagan
> hasta el extremo de la tierra."
> — Proverbios 17:24b

Pablo escribió sobre Abraham en la epístola a los Romanos, describiendo la lucha de Abraham para convertirse en padre. El escribió,

> "El creyó en esperanza contra esperanza, para llegar a ser padre de muchas gentes, conforme a lo que se le había dicho: Así será tu descendencia. Y no se debilitó en la fe al considerar su cuerpo, que estaba

ya como muerto (siendo de casi cien años), o la esterilidad de la matriz de Sara. Tampoco dudó, por incredulidad, de la promesa de Dios, sino que se fortaleció en fe, dando gloria a Dios, plenamente convencido de que era también poderoso para hacer todo lo que había prometido; por lo cual también su fe le fue contada por justicia". (Romanos 4:18-22).

Abraham no negó la realidad de su situación. Su cuerpo estaba muerto y también el de Sara. No le dijo a la gente que estaba vivo y que por fe era tan saludable como un joven de 20 años. Abraham dijo: "Estoy muerto".

Pero Abraham es nuestro padre en la fe porque no se detuvo allí. Eligió enfocarse en la promesa invisible de Dios sin titubear. Si alguien le preguntó a Abraham: "¿Cómo vas a tener un hijo?" Probablemente respondió: "No lo sé. Estoy muerto, pero Dios está vivo. Y si está vivo, entonces puede pasar cualquier cosa". No hizo declaraciones tontas tratando de demostrarle a la gente que él y Sara todavía tenían alguna habilidad sobrenatural para tener un hijo. Se enfrentó a los hechos, estaba muerto. Sin embargo, vivió en un hecho más poderoso. Dios pudo hacer lo que había prometido, y eso salvó el día.

Anteriormente me referí a mi espera de 16 años para un púlpito. No utilicé esos 16 años buscando desesperadamente una posición de púlpito o maniobrando para tener la oportunidad de predicar. Dios me había encerrado y no había a dónde ir. Pero no perdí esos años. Los usé caminando en la verdad más grande que Dios me había mostrado: yo era un predicador, y un día, independientemente de lo que pareciera, predicaría.

Así que usé esos años para prepararme. Estudié tantos predicadores como pude. Escribí mis propios sermones y luego me prediqué a mí mismo en el auto. Prediqué a mis hijos, a mi esposa, a mi grupo familiar (que a veces contaba con cuatro personas, incluidos mi esposa y yo) y nuestro hámster.

Si bien no estaba predicando, me visualizaba predicando.

En mi mente, elaboré un estilo y una filosofía de predicación que me ayudaron a descubrir lo que diría y cómo lo diría cuando tuviera la oportunidad.

Covey se refiere a esta capacidad de visualizar cuando escribe:

> "A través de la imaginación, podemos visualizar los mundos potenciales que se encuentran dentro de nosotros. A través de la conciencia, podemos entrar en contacto con leyes o principios universales con nuestros propios talentos singulares y vías de contribución, y con las pautas personales dentro de las cuales podemos desarrollarlas de manera más efectiva. En combinación con la autoconciencia, estas dos dotaciones nos permiten escribir nuestro propio guión. Debido a que ya vivimos con muchos guiones que nos han sido entregados, el proceso de escribir nuestro propio guión es en realidad más un proceso de "re-escribir" o cambio de paradigma".[5]

Cuando me llamaron para pastorear una iglesia, estaba listo porque había caminado en la realidad de lo invisible. Elegí (y a veces me obligué) ignorar las circunstancias y prepararme de acuerdo con la agenda de Dios. Sostuve el paradigma de que la palabra de Dios me hizo un predicador, ya sea que estuviera predicando en ese momento particular en mi vida o no.

Cuando finalmente "llegué", tenía material listo para predicar y sabía qué tipo de predicador quería ser. Cuando mi llamado al fin llegó, me alegré de haberme preparado de acuerdo con la visión que tenía de lo invisible y no de acuerdo con la "realidad" de mis circunstancias de ese momento.

Anteriormente mencioné brevemente cómo la fe afecta tu discurso; Este es un buen momento para abordarlo de manera más completa. El libro de Proverbios tiene muchos versículos que hablan sobre la lengua. La epístola de Santiago, a veces llamada los "Proverbios del Nuevo Testamento", también tiene mucho que decir sobre tu discurso. Tal vez te preguntes: "¿Qué es apropiado decir cuando camino con fe y todo lo que me rodea parece hacer que mi fe sea tonta?" En momentos como ese, simplemente dices lo que el Señor ya te ha dicho o mostrado. Y si no sabes qué decir, no digas nada.

Por ejemplo, cuando la gente me preguntaba qué sentí que Dios me había llamado a hacer antes de que yo fuera a pastorear la iglesia, les decía que "predicar". Luego me hacían todas las preguntas normales: ¿Dónde estás predicando ahora? ¿Fuiste al seminario? Si no estás predicando, ¿por qué no? ¿No deberías conseguir un púlpito en alguna parte?

Respondía que el Señor me había llamado a predicar y que me abriría un lugar. Además, les explicaba que nunca había solicitado un trabajo en mi vida y que no sentía que debería comenzar a solicitar un puesto en la iglesia. Estaba donde Dios me tenía para esa temporada, y estaba contento de estar allí. Más allá de eso, no había mucho más que pudiera decir. Algunos no lo entendieron, pero seguí diciendo que Dios me había llamado a predicar, porque lo había hecho. Solo porque no estaba predicando en ese momento no negaba que fuera una verdad.

> **Pepita de Oro #21**
>
> "Del fruto de la boca del hombre se llenará su vientre; Se saciará del producto de sus labios. La muerte y la vida están en poder de la lengua, Y el que la ama comerá de sus frutos."
> —Proverbios 18:20-21

Estoy seguro de que algunos tampoco lo entendieron cuando Abram cambió su nombre. ¿Puedes imaginarte esta escena ficticia en la oficina de cambio de nombre? Abram, cuyo nombre significaba "padre exaltado", se acercó al secretario y anunció su intención de cambiar su nombre. Cuando el empleado le preguntó cuál sería su nuevo nombre, anunció que era Abraham, que significa "padre de una multitud".

Intrigado por tal cambio de nombre, tal vez el empleado le hizo a Abraham una pregunta lógica: "¿Cuántos hijos tienes?"

a lo que Abraham tuvo que responder: "¡Ninguno!" En ese momento, el empleado probablemente solo puso los ojos en blanco y se preguntó con qué tipo de "lunático" religioso estaba tratando, quien cambiaría su nombre a "padre de una multitud" aunque era viejo y no tenía hijos.

El punto es que Abraham cambió su nombre, no porque decidió hacerlo, sino porque el Señor le dijo que lo hiciera. Dios quería que Abraham y todos los que lo rodeaban hicieran una declaración de fe cada vez que dijeran ese nombre. Hay momentos en los que puedes y debes decir lo que sabes que es verdad, no para tratar de hacer que algo suceda, sino para reconocer que en el tiempo de Dios algo sucederá.

Como eran personas de fe, los mencionados en Hebreos 11 solo habían visto por fe lo que proclamaban. Por ejemplo, "Por la fe Jacob, al morir, bendijo a cada uno de los hijos de José...". (Hebreos 11:21a) a pesar de que murió en Egipto. Está escrito acerca de José que "Por la fe José, al morir, mencionó la salida de los hijos de Israel, y dio mandamiento acerca de sus huesos". (Hebreos 11:22). Tanto Jacob como José reconocieron el hecho de que su pueblo regresaría a su tierra algún día haciendo una confesión de fe. Dios lo había dicho y ellos también podían.

Pablo se refirió a este mismo principio cuando escribió: "Pero teniendo el mismo espíritu de fe, conforme a lo que está escrito: Creí, por lo cual hablé, nosotros también creemos, por lo cual también hablamos". (2 Corintios 4:13). ¿Qué es lo que crees y no puedes callártelo?

Y finalmente, cuando eres firme en lo que has visto, es hora de tomar medidas. Santiago escribió: "Así también la fe, si no tiene obras, es muerta en sí misma". (Santiago 2:17). La fe es más que adherirse a una doctrina correcta. Los demonios creen en la Trinidad, contemplándola regularmente, pero ese hecho no los ha cambiado ni un poco.

Debes cambiar cualquier paradigma que sostengas que diga que tu fe es lo que crees doctrinalmente. Tu fe debe traducirse en acción o no es fe en absoluto. No es dar consentimiento mental a la doctrina de la Trinidad lo que te hace cristiano. Es lo que haces por tu fe en la Trinidad lo que te hace cristiano.

En un capítulo anterior, te conté de nuestra aventura de comprar una casa nueva antes de vender nuestra antigua casa. Tuve que preguntarme en cada paso del camino: "¿Qué puedo hacer en este momento? ¿Qué puedo hacer para hacer todo lo que pueda, dejando el resto al Señor?".

Mi fe de que algún día predicaría también me obligaba a hacer algo. Elegí prepararme para predicar en lugar de solicitar puestos de pastor asociado. Mi punto es que la fe siempre conduce a la acción. Ningún héroe de la fe en Hebreos 11 fue un gran teólogo. En cambio, cada uno sabía cómo actuar según su fe. Miremos a las personas mencionadas en ese capítulo y veamos cómo actuaron de acuerdo con su fe en Dios.

Abel	Ofreció un mejor sacrificio.
Noe	Construyo un arca.
Abraham	Dejó su hogar, hizo su hogar en un nuevo lugar, ofreció a Isaac.
Isaac	Bendijo a Jacob y Esaú.
Jacob	Bendijo a sus hijos y adoró a Dios.
José	Dio instrucciones sobre sus huesos.
Moisés	Salió de Egipto y celebró la Pascua.
Israel	Pasó por el mar Rojo; marchó y cayeron los muros.
Rahab	Escondió a los espías.

Además, nos dicen que otras personas...

"... que por fe conquistaron reinos, hicieron justicia, alcanzaron promesas, taparon bocas de leones, apagaron fuegos impetuosos, evitaron filo de espada, sacaron fuerzas de debilidad, se hicieron fuertes en batallas, pusieron en fuga ejércitos extranjeros". (Hebreos 11:33-34).

La fe requiere acción y aquellos que tomaron acción en la fe son mencionados y honrados en la Palabra de Dios a pesar de su debilidad y pecado. Aquellos que se mueven en la fe todavía son honrados por el Señor, y Él trabaja con y a través de ellos a pesar de su debilidad y fracaso.

No solo estoy hablando de la fe para el pago de tu automóvil, los zapatos para tus hijos y un techo sobre tu cabeza: las necesidades de la vida. Estoy hablando de la fe para aplicar los Principios de la Mina de Oro más plenamente en tu vida, o la fe para cumplir la Gran Comisión, de la cual la Iglesia debe discipular a las naciones. ¿Cómo puedes tener fe en África o Asia si no puedes ejercer fe en las cosas simples? ¿Cómo vas a confiar en el Señor sobre los millones de dólares que se necesitarán para publicar Biblias en los miles de dialectos actualmente sin la Palabra de Dios si no puedes confiar en Él con el compromiso mensual de $25 que has hecho para ayudar a apoyar al misionero de tu iglesia en India?

Si crees en la resurrección de Jesús, y estoy seguro de que lo haces, ¡entonces te embarcarás en una aventura! ¡Cualquiera que tenga fe para creer que Dios tomó un cadáver de tres días y le infundió vida, puede tener fe para cualquier cosa! El mismo Espíritu que resucitó a un hombre muerto, habita en ti, ayudándote de formas que no puedes ver ni entender. Él está allí en ti, y juntos pueden hacer grandes cosas.

Con ese hecho establecido, puedes encontrar y cumplir tu propósito. En fe, puedes expresar tu creatividad como un pájaro canta cada mañana en el bosque. En la fe, puedes establecer metas y en la fe puedes verlas cumplidas "más abundantemente de lo que pedimos o entendemos". (Efesios 3:20). Al igual que Josué, puedes tener fe en que Dios te ayudará a maximizar tu uso del tiempo y te ayudará a hacer más con el tiempo que tienes. Puedes llevar tu fe a tu escritorio, garaje o cocina y confiar en que el Señor te mostrará cómo organizarlo y mantenerlo ordenado.

Juan escribió su primera epístola y escribió estas palabras:

"Porque todo lo que es nacido de Dios vence

al mundo; y esta es la victoria que ha vencido al mundo, nuestra fe. ¿Quién es el que vence al mundo, sino el que cree que Jesús es el Hijo de Dios?". (1 Juan 5:4-5).

Puedes superar el mundo y sus obstáculos a través de la fe. Alguien escribió: "No es la grandeza de mi fe lo que mueve montañas, sino mi fe en la grandeza de Dios". Con eso en mente, pasa al último capítulo donde encontrarás algunas tareas prácticas para ayudarte a caminar en la fe que complacerá a Dios y quizás cambie el mundo.

Capítulo 26
"¡Acción!"

Entonces, ahora que has decidido caminar de acuerdo con lo invisible y actuar de acuerdo con tu fe, ¿a dónde puedes ir desde aquí? Para darte una dirección, he incluido algunas actividades que han nutrido mi fe a lo largo de los años. Te los ofrezco con la esperanza de que te estimulen al amor y a las buenas obras como manda la Biblia.

1. ¿Estás dando todo lo que puedes?

Si mantienes registros financieros, verifica qué porcentaje de tus ingresos diste el año pasado. ¿Estás satisfecho con esa cantidad? Si no, ¿qué porcentaje te gustaría dar este año? Cuando decidas eso, determina cuánto debes dar cada mes para lograr ese porcentaje. He descubierto que mi donación es el indicador más práctico y preciso de mi fe, y trato de mantener la cantidad total que doy significativamente por encima del diez por ciento.

Nunca doy ofrendas basadas en mis facturas. En otras palabras, trato de orar y dar lo que siento que el Señor me está diciendo. Cuando me muestra la cantidad, se la doy sin preocuparme de si ese dinero debería haberse usado para otra cosa. Si el Señor me ordena que entregue el dinero que estaba ahorrando para una factura tres días después, siempre trato de hacerlo hoy. A menudo consultaré con Kathy, y la mayoría de las veces, ella confirmará la cantidad exacta que estaba considerando dar. Si ella sugiere una cantidad mayor de lo que esperaba, entonces le doy esa cantidad mayor.

Subrayo que solo damos después de consultar al Señor y damos la cantidad que Él nos ordena que demos. Es irresponsable y presuntuoso emitir cheques a ciegas para la obra de Dios cuando tienes facturas vencidas. He descubierto que solo en ocasiones me ha ordenado que dé dinero "más allá de mis posibilidades", dinero que se hubiera utilizado para pagar otra cosa. Cuando lo ha indicado, también ha provisto para cubrir la necesidad creada por esa inusual ofrenda. Al mismo tiempo, nunca he tratado de mantener algo en el banco como amortiguador contra lo inesperado cuando el Señor ha ordenado regalar ese dinero.

El escritor de Eclesiastés te aconsejó que "Echa tu pan sobre las aguas; porque después de muchos días lo hallarás". (Eclesiastés 11:1). Echa tu pan regularmente y abundantemente y mira cuando regrese a su debido tiempo. Tu fe será recompensada.

Cada vez que me desanimo por mis finanzas, me presiono en la Palabra de Dios para consolarme y alentarme. Con los años, los siguientes han sido mis versículos favoritos en lo que respecta a las finanzas:

- "No nos cansemos, pues, de hacer bien; porque a su tiempo segaremos, si no desmayamos". (Gálatas 6:9).

- "Porque os es necesaria la paciencia, para que habiendo hecho la voluntad de Dios, obtengáis la promesa. Porque aún un poquito, Y el que ha de venir vendrá, y no tardará. Mas el justo vivirá por fe; Y si retrocediere, no agradará a mi alma. Pero nosotros no somos de los que retroceden para perdición, sino de los que tienen fe para preservación del alma". (Hebreos 10:36-39).

- "Dad, y se os dará; medida buena, apretada, remecida y rebosando darán en vuestro regazo; porque con la misma medida con que medís, os volverán a medir". (Lucas 6:38).

- "Pero esto digo: El que siembra escasamente,

también segará escasamente; y el que siembra generosamente, generosamente también segará". (2 Corinthians 9:6).

- "Mi Dios, pues, suplirá todo lo que os falta conforme a sus riquezas en gloria en Cristo Jesús". (Filipenses 4:19).
- El dinero es algo que manejas casi todos los días. Por lo tanto, es un indicador pertinente de tu fe y de cómo la estás poniendo en práctica.

2. El propósito y las metas de tu vida

La Sección Uno te guió a través de una discusión y ejercicios para ayudarte a identificar el propósito de tu vida. Suponiendo que ahora puedes resumirlo en una oración, ¿qué tienes fe de lograr con ese propósito? ¿Qué objetivos te has fijado que se lograrán solo a través del poder de Dios liberado por tu fe? En la Sección Dos, miramos la creatividad. ¿Estás aceptando tus pensamientos creativos como posiblemente siendo de Dios y actuando sobre ellos?

Para ayudarte con esto, ¿por qué no piensas en lo que harías si el dinero y el tiempo no fueran factores? ¿Comenzarías un negocio? Si respondes que sí, ¿cuánto dinero ganarías con ese negocio en sus primeros diez años? ¿A cuántos darías empleo? ¿Cuánto dinero le darías a la obra del Señor?.

Mis propias metas de fe incluían planes para comenzar un ministerio llamado "Gold Mine Development Corporation"(Corporación Desarrollo de la Mina de Oro). Quería ver a miles liberados para funcionar en su propósito dado por Dios y luego equipados y entrenados para ser eficientes y organizados. ¡Lo comencé en 2001, solo para cambiarle el nombre unos años más tarde cuando seguía recibiendo correos electrónicos de empresas mineras que buscaban asociaciones! Hoy, PurposeQuest Incorporated (Corporación Búsqueda de Propósito) ha continuado haciendo el trabajo que imaginé para Gold Mine Development.

Después de eso, quería ver esos mismos Principios de la Mina de Oro, enseñados y aplicados en otras naciones por las cuales tengo una preocupación. Ese deseo me llevó a formar PurposeQuest Incorporated, una entidad sin fines de lucro que recauda dinero para huérfanos, viudas y el desarrollo de los Principios de la Mina de Oro en África. Todavía establezco metas para mi educación continua, la cantidad de libros que me gustaría escribir y algunas situaciones "caóticas" a las que me gustaría poner orden en mi vida. No tengo idea de cómo surgirán algunos de estos, pero la fe no requiere que tenga todas las respuestas antes de planificar o actuar.

He escrito estas metas y las reviso regularmente. Algunas de ellas están lejos de ser una realidad, pero también lo fue conseguir un púlpito alguna vez. Dios resolvió eso, y también resolverá esto. Si nunca suceden, planeo morir en fe, habiéndoles visto y recibido desde lejos.

3. Tu estudio bíblico

Nunca me ha gustado mucho leer la Biblia superficialmente. Lo he hecho varias veces, pero he tenido mucho más éxito estudiando temas e individuos de manera profunda. Me gustaría sugerir algunos estudios de fe que han agregado mucho a mi comprensión y capacidad para aplicar mi fe. Después de todo, si la fe requiere acción, entonces tal vez tu primer paso de acción debería ser estudiar la fe (pero recuerda, no estudies solo para aprender; estudia para que puedas entrar en acción).

A. Lee los cuatro evangelios y anota en tu diario todo lo que Jesús dijo usando las palabras Fe y Creer. Registra tus pensamientos sobre estos versículos y agrúpalos a medida que encajan. Es posible que desees resaltar esos versículos con un color particular en tu Biblia de estudio. A partir de ahí, puedes hacer lo mismo con las epístolas de Pablo, las epístolas de Juan y la carta de Santiago. Una comprensión integral de la fe llegará solo cuando obtengas una visión general completa, no solo seleccionando tus versículos favoritos.

B. Haz un estudio exhaustivo de Hebreos 11. Asigna a algunos de los nombres mencionados en ese capítulo un espacio en tu cuaderno de manejo del tiempo, y luego estudia sus vidas en la Biblia. Mantén notas de lo que descubras en esas páginas. Estudia cada uno con el objetivo de responder por qué calificaron para ser incluidos en Hebreos 11. Selecciona uno o dos que sean particularmente relevantes para tu vida y vocación, y conviértelos en objeto de un estudio más intenso y a largo plazo.

C. Con base en estos estudios, reflexiona y registra los cambios que puedes hacer en tu vida. Escribe los pensamientos que tienes de esto y discútelos con tu pastor, mentor, cónyuge e hijos. Recuerda, la fe lleva a la acción, así que estudia con la intención de hacer algo.

Mientras terminamos, recuerda que nada es demasiado difícil para Dios. Él está en el negocio de hacer lo imposible. Con eso en mente, ¡ten fe! No importa cuán sombrío se vea, Dios puede lograr lo inesperado y milagroso. Así que sueña y planifica en consecuencia. Pon tu mano en la de Dios y espera el viaje de tu vida. Mientras lo haces, te unirás a los héroes de la fe y ganarás tu propio lugar en la interpretación continua de Hebreos 11, un capítulo que todavía se está escribiendo para el pueblo de Dios que tiene fe.

Espero que ahora estés convencido de que hay oro en tu vida. Tu propósito y las metas que estableces son de gran valor, más valiosas que cualquier riqueza que esta vida pueda ofrecer. En consecuencia, debes invertir tu tiempo en aquellas cosas que son más significativas para ti y que te proporcionarán el mayor rendimiento. Para evitar perder el tiempo, debes organizar tu mundo para que puedas darte la máxima prioridad en cualquier momento.

Sin embargo, como lo he subrayado una y otra vez, todo es en vano si no tienes fe, porque "Pero sin fe es imposible agradar a Dios...". (Hebreos 11: 6a). Confía en Dios para las grandes cosas, tal como lo hicieron los apóstoles en Hechos 6. Abundan las oportunidades para quienes caminan con propósito y fe. Que el Señor te bendiga en tu camino de fe, y que escuches esas maravillosas palabras, " Bien, buen siervo y fiel" al final del camino.

Notas

Introducción

[1] Richard Nelson Bolles, *The 1994 What Color is Your Parachute?* (Ten Speed Press, 1994), page 435.
[2] Ibid., 447.

Principio Uno

[1] Stephen R. Covey, *The Seven Habits of Highly Effective People* (New York: Simon & Shuster Inc., 1989), page 60.
[2] Peter Drucker, *The Effective Executive* (New York: Harper & Row, 1966), pages 52, 70.
[3] Bolles, *The 1994 What Color is Your Parachute?*, page 438.
[4] *Christian History*, Issue 31, page 3.
[5] *Christian History*, Issue 31, page 34.
[6] *Christian History*, Issue 31, page 4.
[7] Bolles, *The 1994 What Color is Your Parachute?*, page 436.

Principio Dos

[1] Julia Cameron, *The Right to Write* (New York: Tarcher/Putnam, 1998), page 101.

Principio Tres

[1] Covey, *The 7 Habits*, page 43.
[2] David Collins, *Man's Slave Becomes God's Scientist: George Washington Carver* (Milford, Michigan: Mott Media, 1981), pages 105-106.
[3] *Remarks by Paul H. O'Neill*, Alcoa Organizational Meeting, August 9, 1991.
[4] Covey, *The 7 Habits*, page 71.
[5] Robert Schuller, *Tough-Minded Faith for Tender-Hearted People* (Toronto: Bantam Books, 1983), page 110.

Principio Cuatro

[1] *Bits and Pieces*, April 1, 1993, page 7.
[2] *Christian History*, Issue 29, Volume X, No. 1, pages 2-3.
[3] Covey, *The 7 Habits*, pages 153-154.
[4] Peter Drucker, *Management Challenges for the 21st Century* (New York: Harper Collins, 1999), page 179.
[5] Alec MacKenzie, *The Time Trap* (New York: American Management Association, 1990), page 3.
[6] Merril E. and Donna N. Douglass, *Manage Your Time, Your Work, Yourself* (New York: American Management Association, 1993), page 109.

Principio Cinco

[1] Covey, *The 7 Habits*, page 98.
[2] Ibid., page 23.
[3] Ibid., page 28.

Epílogo

La revisión de este libro ha sido una gran experiencia, y espero que haya sido lo mismo para ti mientras lo leías. Fue genial por mi parte porque me hizo revisar estos conceptos sobre los que había escrito y enseñado en los últimos 25 años. Mientras editaba y revisaba, me di cuenta de que estaba tan comprometido con estos Principios ahora como lo estaba entonces, pero de una manera más madura e integral. Mi enseñanza sobre cada tema ha madurado y está aderezado con más realidad y experiencia de vida, que confío, solo ha hecho que su impacto sea más fuerte y relevante.

Esta revisión también me llevó por el camino de la memoria, recordándome qué gran viaje ha sido con estos Principios de la Mina de Oro como socios. He enseñado y escrito sobre ellos miles de veces, pero la parte más significativa del viaje han sido sus aplicaciones personales en mi propia vida. Sé que estos Principios son efectivos en gran parte porque he sido diligente en aplicarlos. Me llevaron a muchos países, me permitieron hacer amigos maravillosos y me equiparon para escribir y hablar con autoridad sobre los cinco Principios. Tuve el privilegio de escuchar a muchos que también aplicaron los Principios y sus sorprendentes y emocionantes resultados.

Finalmente, este trabajo ha confirmado la importancia de los Principios de la Mina de Oro en el mundo de hoy. Son aún más importantes que cuando comencé a enseñarlos, porque los tiempos modernos han presentado a las personas aún más opciones sobre cómo invertir su tiempo y oportunidades para ser creativos y decididos. Ante tantas cosas que uno puede hacer, es más importante que nunca identificar qué es lo que debes hacer. Prestar atención a los Principios de la Mina de Oro ayudará a cualquiera a estar más enfocado y productivo en el buen sentido, ya que el propósito y la creatividad están alimentados por la alegría, y Nehemías 8:10b dice que " ...el gozo de Jehová es vuestra fuerza.".

No sé cuántos días me quedan en la tierra, y puede que solo sean unos pocos por lo que sé. Al concluir, quiero dedicar los días restantes a desarrollar y difundir el evangelio de los Principios de la Mina de Oro. Espero que eso incluya viajar y enseñar, pero quiero expresar lo que sé y aprender a través de la escritura. Los espacios para hablar desaparecen rápidamente, pero la escritura dura para siempre, o al menos dura más que la vida del escritor. A menudo le he dicho al público que mis libros pueden volverse más populares después de que me haya ido, o que Dios puede colocarlos en mi ataúd y enterrarnos a todos. Depende de él. Sin embargo, cada escritor escribe con fe que alguien, en algún lugar, encontrará nuestro trabajo, lo leerá y se beneficiará de él. Mi objetivo es continuar usando mi tiempo para escribir creativamente sobre el propósito, ejerciendo fe en que Dios usará lo que produzco para su propósito. No estoy seguro de haber producido una oración con los cinco Principios de la mina de oro. Ese sería un buen lugar para finalizar esta revisión.

Puedes seguir mi viaje de propósito a través de mis memorandos de lunes y sitios de blog, enumerados al final de este libro, o puedes leer algunos de mis otros libros para obtener más historias y testimonios del poder del propósito. Siempre disfruto escuchar una historia de un viaje de propósito, así que siéntete libre de escribirme a través de cualquiera de las redes sociales a las que contribuyo regularmente y a través de las cuales me comunico. Te aseguro que Dios te ayudará a aplicar lo que acabas de leer, y te ayudará a encontrar la mina de oro en tu vida mientras excavas. ¡Feliz excavación!

Keep in Touch with John Stanko

Twitter: @John_Stanko
Instagram: stanko.john
Facebook: john.stanko1
LinkedIn: https://www.linkedin.com/in/john-stanko-1600506/

www.purposequest.com
www.johnstanko.us
www.stankobiblestudy.com
www.stankomondaymemo.com
or via email at johnstanko@gmail.com

John also does extensive relief and community development work in Kenya. You can see some of his projects at:

www.purposequest.com/donate

PurposeQuest International
PO Box 8882
Pittsburgh, PA 15221-0882

And download John's free mobile app, PurposeQuest International,
from Google Play, Amazon Appstore, or the Apple Store

Additional Titles by John Stanko

A Daily Dose of Proverbs
A Daily Taste of Proverbs
A String of Pearls
Changing the Way We Do Church
I Wrote This Book on Purpose
Life Is A Gold Mine: Can You Dig It?
Strictly Business
The Faith Files, Volume 1
The Faith Files, Volume 2
The Faith Files, Volume 3
The Leadership Walk
The Price of Leadership
Unlocking the Power of Your Creativity
Unlocking the Power of Your Productivity
Unlocking the Power of Your Purpose
Unlocking the Power of You
What Would Jesus Ask You Today?
Your Life Matters

www.ingramcontent.com/pod-product-compliance
Lightning Source LLC
LaVergne TN
LVHW051549070426
835507LV00021B/2480